Dorothea Bartnik

Buchführung

Dorothea Bartnik

Buchführung

schnell

einfach

richtig

Weltbild

Der Text dieses Buches folgt den neuen Regeln der deutschen Rechtschreibung.

Weltbild Buchverlag, Augsburg

Einbandgestaltung: Beatrice Schmucker, Augsburg
Layout und Satz: Petra Strauch, Bonn
Lektorat: Brigitte Mues, Wuppertal
Druck und Bindung: Offizin Andersen Nexö – ein Betrieb der INTERDRUCK Graphischer Großbetrieb GmbH, Leipzig
Printed in Germany

ISBN 3-89605-383-8

Inhaltsverzeichnis

Vorwort

Eine gute Buchführung gibt zahlreiche Informationen, die eine wirtschaftliche Unternehmensführung unterstützen und die Erfolgschancen somit erhöhen. Für viele am Wirtschaftsprozess Beteiligte sind deshalb Grundkenntnisse der Buchhaltung unumgänglich, gleich, ob sie in der Ausbildung sind, Angestellte oder selbständige Unternehmer.

Dieses Buch ist für Leute geschrieben, die nicht nur klassisches Schulbuchwissen, sondern auch einen Praxisbezug haben möchten. Um diesem Anspruch gerecht zu werden, hat das Buch einen besonderen Aufbau.

Der Hauptteil besteht aus den Bestandteilen

- **Grundwissen,**
- **Aufgabenteil sowie**
- **Probleme und Tipps aus dem Alltag.**

Damit Sie gut mit dem Hauptteil des Buches arbeiten können, z.B. auch nach einem langen Arbeitstag, wenn man nur noch mit halber Kraft und Konzentration bei der Sache ist, werden Ihnen Hilfsmittel angeboten:

1. Bilanzschema Vorne im Buch finden Sie ein Bilanzschema, das immer aufgeklappt neben dem Text liegen und beim Nachvollziehen oder der Herleitung von Buchungsvorgängen als Orientierungshilfe dienen kann.

2. GuV-Schema Sie finden vorne im Umschlag ein GuV-Schema, das Ihnen einen schnellen Überblick ermöglicht.

3. ABC der Buchführung Im Anhang befindet sich außerdem ein Glossar. Auch das soll Ihnen die Arbeit erleichtern. Sind Begriffe der vorangegangenen Kapitel nicht mehr ganz präsent, dann können sie ohne langes Suchen im ABC kurz nachgelesen werden.

4. Lösungen zu den Aufgaben Und natürlich gibt es im Anhang auch Lösungen zu den Aufgaben am Ende der einzelnen Kapitel. Wenn Sie möchten, können Sie Ihre Antworten also auch überprüfen.

5. AfA-Tabellen Sie finden hinten im Umschlag des Buches eine Übersicht über die degressiven Abschreibungssätze und einen Auszug aus der aktuellen amtlichen AfA-Tabelle für Anlagegüter.

Noch eine Anmerkung am Rande: Die Beispiele in diesem Buch arbeiten mit DM-Angaben, auch wenn in Kürze der Euro ins Haus steht. Auf den Inhalt an sich nehmen die veränderten Geldeinheiten keinen Einfluss.

Damit Sie von vorneherein wissen, was die Abkürzungen bedeuten, finden Sie gleich im Anschluss an dieses Vorwort ein Abkürzungsverzeichnis.

So: genug Organisatorisches vorneweg! Und jetzt

SOLLen Sie, liebe Leserin, lieber Leser, einfach viel Spaß beim Lesen HABEN!

Abkürzungen

A	Aktiva
AB	Anfangsbestand
AO	Abgabenordnung
ARA	Aktive Rechnungsabgrenzung
BiRiLig	Bilanzrichtliniengesetz
BWA	Betriebswirtschaftliche Auswertung
DATEV	Datenverarbeitungsorganisation der steuerberatenden Berufe in Deutschland
EBK	Eröffnungsbilanzkonto
EDV	Elektronische Datenverarbeitung
ESt	Einkommensteuer
EStG	Einkommensteuergesetz
GE	Grundstückserträge
GewStG	Gewerbesteuergesetz
GmbH	Gesellschaft mit beschränkter Haftung
GoB	Grundsätze ordnungsmäßiger Buchführung
GoS	Grundsätze ordnungsmäßiger Speicherbuchführung
GuV	Gewinn und Verlust
H	Haben
HGB	Handelsgesetzbuch
KISt	Kirchensteuer
KSt	Körperschaftsteuer
KStG	Körperschaftsteuergesetz
LSt	Lohnsteuer
LuL	Lieferung und Leistung
P	Passiva
PRA	Passive Rechnungsabgrenzung

S	**S**oll
S.F.	Sonstige Forderungen
S.V.	Sonstige Verbindlichkeiten
SB	Schlussbestand
SBK	Schlussbilanzkonto
USt	**U**msatzsteuer
UStG	Umsatzsteuergesetz

Einführung in die Buchführung

Beim Thema Buchführung zucken viele zusammen oder wenden sich desinteressiert ab. Und auch all diejenigen, die sich mit Buchführung beschäftigen müssen, sei es als Schüler, während des Studiums oder weil sie sich selbstständig machen wollen oder es schon sind, sehen oft so etwas wie eine Geheimwissenschaft darin. Deshalb möchte ich Ihnen eines zu Beginn dieses Buches mit auf den Weg geben:

Buchführung ist keine Geheimwissenschaft.

Sie ist ein unentbehrliches Hilfsmittel der Betriebsführung. Doch um dieses 'Instrument', wie man wissenschaftlich sagen würde, richtig und nutzbringend anwenden zu können, muss man seine gesetzlichen Grundlagen kennen und wissen, welche Informationen es im Einzelnen bereitstellen kann und muss. Damit diese Informationen zuverlässig sind, wurden die Verfahrensweisen der Buchführung weitgehend vereinheitlicht. Neben den theoretischen Grundlagen wird dieses Buch Ihnen die notwendigen Buchungstechniken und deren Anwendung anhand vieler Praxisbeispiele nachvollziehbar erklären.

Buchführung ist im Betriebsalltag eher eine Hilfe als eine Last!

In der Praxis wird vieles ganz einfach und verständlich, was in der Theorie wie ein undurchschaubares Buch mit sieben Siegeln wirkt.

Das Basiswissen über Buchführung umfasst

- **gesetzliche Grundlagen,**
- **organisatorische Grundlagen,**
- **theoretische Grundlagen und Buchungstechniken sowie**
- **besondere Buchungen und ihre Auswirkungen.**

Damit Ihnen, liebe Leserin oder lieber Leser, vor lauter Theorie nicht die Lust am Lesen und insbesondere an der Buchführung verloren geht, habe ich Tipps und Tricks aus dem Arbeitsalltag sowie einige Wiederholungsaufgaben zu jedem Thema (mit Lösungen im Anhang!) beigefügt.

An dieser Stelle lernen Sie ein paar Freunde kennen, die Sie durch das Buch begleiten werden. Es ist eine Gruppe von sechs ehemaligen Schulfreunden, die sich regelmäßig am Stammtisch „Der harte Kern“ treffen.

Sie fragen sich jetzt, was ein Stammtisch mit Buchführung zu tun hat?

Die Antwort ist eigentlich ganz einfach. Diese sechs Menschen, drei Frauen und drei Männer, stehen beruflich in verschiedenen Situationen:

Während **Katrin** gerade ihre Prüfung zum Bilanzbuchhalter erfolgreich abgelegt hat und bei einem Steuerberater arbeitet, sind die anderen selbstständig bzw. befinden sich in der Phase der Existenzgründung:

Hanna plant, sich mit einem Teeladen selbstständig zu machen.

Jakob ist Tanzlehrer und hat eine Tanzschule.

Michael hat einen Großhandel für Sporttextilien.

Stefan ist Schreinermeister und hat mit einem zweiten Schreinermeister vor drei Jahren eine Schreinerei aufgebaut.

Julia ist freie Landschaftsarchitektin.

Klar, dass an diesem Stammtisch immer wieder über kaufmännische und insbesondere buchhalterische Themen geredet wird. Wir dürfen den sechs Stammtischlern in den nächsten Kapiteln immer wieder über die Schulter schauen und insbesondere die Anregungen von Katrin übernehmen.

Was ist Buchführung?

Buchführung kann als kleiner, aber wesentlicher Aufgabenbereich im Gesamtgefüge eines Unternehmens gesehen werden.

Das folgende Schaubild zeigt, dass die Buchführung ein Bestandteil des betrieblichen Rechnungswesens ist.

Traditionelle Fachabteilungen eines Unternehmens

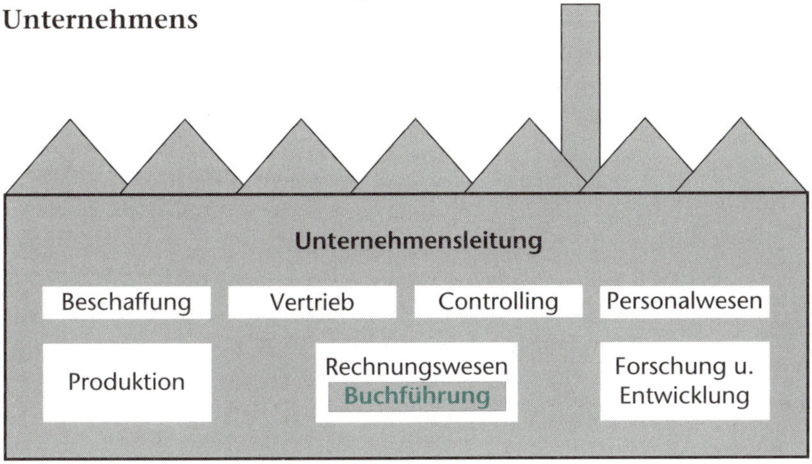

Aufgaben der Buchführung

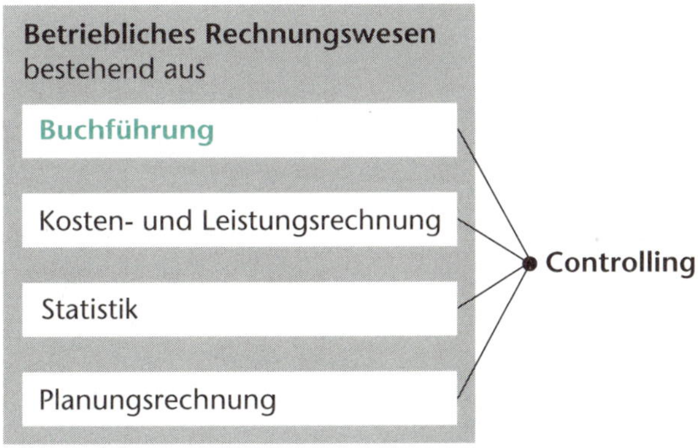

Das betriebliche Rechnungswesen besteht aus den Teilgebieten Buchführung (Geschäfts- oder Finanzbuchhaltung), Kosten- und Leistungsrechnung (Betriebsbuchhaltung), Statistik und Planungsrechnung. Die Informationen aus den einzelnen Bereichen des betrieblichen Rechnungswesens gehen direkt in das Controlling-System der Unternehmung ein.

Die Buchführung, meist als Geschäfts- oder Finanzbuchhaltung bezeichnet, hat eine zentrale Stellung innerhalb des Rechnungswesens. Sie erfasst die außerbetrieblichen Zu- und Abgänge.

Aufgabe der Buchführung ist die lückenlose, geordnete und nachprüfbare Erfassung aller Geschäftsvorgänge eines Unternehmens.

Die Buchführung hält fest, was in einem bestimmten Zeitraum an Geld reinkommt oder rausgeht (Dokumentation). Dann ordnet sie zu, wofür die Mittel verwendet werden. Dadurch gibt sie unterschiedlichste Informationen über die Vermögens- und Finanzlage des Unternehmens sowie über seinen Erfolg.

Sie hält alle Einnahmen und Ausgaben (den Wertefluss) eines Unternehmens und damit die Veränderungen von Vermögen und Schulden fest. Zudem erfasst sie alle Arten von Aufwendungen (Werteverbrauch) und Erträgen (Wertezuwachs).

Zeitraumrechnung Die Vorgänge werden in bestimmten Zeitabschnitten (üblicherweise ein Geschäftsjahr, gelegentlich je Quartal oder Monat) zeitlich und sachlich geordnet, um die Vermögens-, Bilanz- und Ertragslage eines Unternehmens zu ermitteln. Die Buchführung ist also eine Zeitrechnung, oder genauer: eine Zeitraumrechnung. Entsprechend kann man den Jahresabschluss als Zeitpunktrechnung bezeichnen.

Dokumentation Die Buchführung hat also einerseits eine Dokumentationsfunktion, denn sie bildet das betriebliche Geschehen in Zahlengrößen ab. Dies erfolgt mit Hilfe der im Unternehmen anfallenden Belege, z.B. Rechnungen, Gutschriften oder Kassenzettel.

Information Und sie hat andererseits eine Informationsfunktion, sowohl innerhalb des Unternehmens als auch nach außen.

Die Buchführung muss mit der Gründung eines Betriebes beginnen und endet frühestens mit seiner Liquidation, d.h., mit seiner Auflösung.

Aufgaben der Kosten- und Leistungsrechnung

Nur wenn man weiß, wo im Betrieb welche Kosten wofür anfallen, kann man vernünftig kalkulieren und wirtschaftlich, sprich kostendeckend (!), arbeiten. Kleine Betriebe scheitern häufig deshalb, weil ihrer Kalkulation die realistische Grundlage fehlt.

Gegenstand der Kosten- und Leistungsrechnung ist die eigentliche Betriebstätigkeit, bzw. die vollständige und genaue Erfassung von Kosten und Leistungen. Sie dient allein der innerbetrieblichen Information über die Wirtschaftlichkeit des Unternehmens und ist nicht an gesetzliche Bestimmungen gebunden. Dies klingt zwar sehr gewichtig, doch die Kosten- und Leistungsrechnung ist auch für kleinere Betriebe wichtig – und zwar bei

- der Kalkulation (Ermittlung der Selbstkosten und des Angebotspreises),
- der Kontrolle der Kosten,

- der Erfassung der Leistungen und
- der sorgfältigen Nachkalkulation zur Ermittlung der Ergebnisse.

Um diesen Aufgaben gerecht werden zu können, muss deutlich sein, wie sich die Kosten zusammensetzen. Drei Leitfragen helfen, sie zu ordnen:

Welche Kosten sind entstanden?	**Wo** sind Kosten entstanden?	**Wofür** sind die Kosten entstanden?
Kosten**arten**rechnung	Kosten**stellen**rechnung	Kosten**träger**rechnung
Zu den Kostenarten gehören: ■ Personalkosten (Löhne und Gehälter) ■ Sachkosten (für Roh-, Hilfs- und Betriebsstoffe) ■ Kapitalkosten ■ Beraterhonorare und sonstige Dienstleistungen ■ Strom-, Telefon- und Versicherungskosten ■ Steuern, Gebühren und Beiträge.	Als Kostenstellen werden die betrieblichen Orte bezeichnet, an denen Kosten entstehen. Dazu zählen beispielsweise: ■ Fertigungsstellen (Werkstätten) ■ Materialstellen (Einkauf, Lager) ■ Verwaltungsstellen (Geschäftsführung, Buchhaltung) ■ Vertriebsstellen.	Kostenträger sind die Produkte, bei deren Herstellung die einzelnen Kosten entstehen. Die Kosten können pro Stück berechnet werden (Kalkulation) oder als Zeitrechnung, wobei die entstandenen Gesamtkosten einzelnen Produkten zugeordnet werden.

Aufgaben der betriebswirtschaftlichen Statistik

Die Statistik wertet die Daten der Buchführung und der Kosten- und Leistungsrechnung aus. Ziel ist die Überwachung des Betriebsgeschehens. Die Unternehmensleitung erhält wichtige Informationen und Erkenntnisse, welche die Grundlagen für unternehmerische Entscheidungen und Vorgehensweisen bilden.

Aufgaben der Planungsrechnung

Die Planungsrechnung leitet aus den Daten der Vergangenheit Prognosen für die Zukunft ab.

Die Planungsrechnung erfasst betriebliche und außerbetriebliche Daten und wertet diese aus, um die zukünftige betriebliche Entwicklung zu berechnen und dem Betrieb entsprechende Planungsdaten bzw. Prognosen zur Verfügung zu stellen.

Eine gute Kalkulation allein genügt nicht! Um den Erfolg des Unternehmens sicherzustellen, müssen die errechneten Werte während und nach der Leistungserbringung überprüft werden. Sollten sich Abweichungen ergeben, muss sich etwas ändern. Bei der Entscheidung, ob sich die Preise, die Kosten oder die Abläufe ändern sollten, geben die unterschiedlichen Daten des Rechnungswesens Hilfestellung.

Controlling Die einzelnen Teilbereiche des Rechnungswesens gehen in das Controlling-System der Unternehmung ein. Controlling ist ein Instrument der Unternehmensführung. Seine Aufgabe ist neben der reinen Überwachungsfunktion (Kontrolle) auch die Bereitstellung von geeigneten Informationen für Planung und Steuerung von Unternehmenszielen und -abläufen. Das notwendige Datenmaterial für diese Aufgaben übernimmt das Controlling zu einem großen Teil aus dem Rechnungswesen.

Warum müssen Bücher geführt werden?

Oft wird diese Frage spontan so beantwortet: „Bücher müssen geführt werden, weil der Gesetzgeber das vorschreibt."

Richtig ist, dass es für die Buchführung gesetzliche Grundlagen gibt. Wer als Kaufmann bestimmte Voraussetzungen erfüllt, ist buchführungspflichtig. Es ist jedoch irreführend, die Buchführung in einem Unternehmen nur als lästige Besteuerungsgrundlage zu bewerten. Selbstverständlich soll aus staatlicher Sicht sichergestellt werden, dass die Finanzämter die richtige Höhe der abzuführenden Steuern bemessen können. Doch andererseits kann der Unternehmer die Buchführung durchaus auch als Selbstschutz verstehen, denn er will ja seinerseits auch „richtig" veranlagt werden und nicht etwa zu viel bezahlen.

Buchführung schützt vor ungerechtfertigten Steuerforderungen.

Die Buchführung ist jedoch nicht nur für das Finanzamt von Bedeutung, als Teil des betrieblichen Rechnungswesen erfüllt sie sowohl unternehmensintern als auch extern viele wichtige Informationsaufgaben. Sie ist für die Geschäftsführung ebenso wichtig wie für die Mitarbeiter. Aber auch Kunden, Lieferanten und Banken, kurz allen, die Informationen über ein Unternehmen benötigen, stellt die Buchführung hilfreiche Daten zur Verfügung.

Informationsaufgaben der Buchführung

Buchführung ist wichtig für

die Unternehmensleitung weil sie
- Überblick über Vermögen und Schuld verschafft,
- alle monetären Veränderungen erfasst,
- die Datengrundlage für weitere betriebliche Statistiken, Planungen, etc. bildet.

→ **Information und Dokumentation**

- **die Finanzbehörden,**
- als Besteuerungsgrundlage,
- zur Kontrolle des Unternehmens und
- als Beweismittel bei Rechtsstreitigkeiten.

- **die Banken,**
- zur Überprüfung der Kreditwürdigkeit des Unternehmens und
- als Beweismittel bei Rechtsstreitigkeiten.

- **die Kunden und Lieferanten,** weil sie
- durch Bilanz bzw. Jahresabschluss Informationen über das Unternehmen erhalten und
- Beweismittel bei Rechtsstreitigkeiten ist.

Interne Informationsaufgaben der Buchführung

1. Die Buchführung dient der **Selbstinformation** der Unternehmensleitung. Indem sie alle Veränderungen der Vermögenswerte lückenlos und planmäßig anhand von Belegen aufzeichnet, schafft sie die Grundlage dazu, den Stand des Vermögens und der Schulden bzw. in der Gegenüberstellung zwischen beiden den Erfolg des Unternehmens (Gewinn oder Verlust) zu ermitteln. Diese Gegenüberstellung kann für unterschiedliche Zeiträume erfolgen (vgl. Zeitraumrechnung, S. 14) und sie erlaubt zu jedem gewünschten Zeitpunkt eine detaillierte **betriebswirtschaftliche Auswertung (BWA).**

Anhand der Buchführung ist eine regelmäßige betriebswirtschaftliche Auswertung und eine Kalkulationsprüfung möglich.

2. Die Buchführung liefert die Datenbasis für weitere Aufgaben des **innerbetrieblichen Rechnungswesens,** z.B. zur Preisberechnung von Waren bzw. Leistungen und für das innerbetriebliche Controlling zur Steigerung der Wirtschaftlichkeit (vgl. Kosten- und Leistungsrechnung, S. 14).

Buchführung informiert:
Geschäftsführung
Mitarbeiter

Externe Informationsaufgaben der Buchführung

Buchführung informiert:
Finanzamt
Kunden
Gläubiger
Gerichte

1. Die Buchführung ist **Besteuerungsgrundlage.** Erst eine geordnete Buchführung erlaubt es den Finanzbehörden, den Unternehmensertrag zu kontrollieren und Steuern (z.B. für Umsatz, Gewinn oder Vermögen) zu berechnen.
2. Die Buchführung dient dem **Gläubigerschutz.** Kreditgeber können anhand der Buchführungszahlen über die Kreditwürdigkeit eines Unternehmens entscheiden.
3. Die Buchführung gilt als **Beweismittel** bei Rechtsstreitigkeiten, z.B. mit Behörden, Banken, Lieferanten oder Kunden.

Wer muss Bücher führen?

Der Unternehmer kann nicht selbst entscheiden, ob er Bücher führt oder nicht. Sowohl das **Handelsrecht** als auch das **Steuerrecht** regeln die Buchführungspflicht.

Vorschriften über das Führen von Bücher finden sich im

Handelsrecht		Steuerrecht
§ 238 und §§ 1,2,3 und 6 **Handelsgesetzbuch** (HGB)	und	§ 140 und § 141 **Abgabenordnung (AO)**

§

> **§ 238 Abs. 1 Satz 1 des Handelsgesetzbuches** (HGB) sagt:
> Jeder **Kaufmann** ist verpflichtet, Bücher zu führen ...

Aber wer gilt eigentlich als Kaufmann und wer nicht? Auch dies ist gesetzlich geregelt. § 1 Abs. 1 des HGB legt fest, dass derjenige ein Kaufmann ist, der ein Handelsgewerbe betreibt, womit die planmäßige, erlaubte und dauerhafte Tätigkeit zur Gewinnerzielung gemeint ist. Ausgenommen sind davon die Freiberufler, auf die unten näher eingegangen wird. Das Gesetz unterscheidet zwischen Muss-, Soll-, Kann- und Formkaufleuten und nimmt Minderkaufleute aus.

Der Praxistipp

Unsicher in Bezug auf die Buchführungspflicht?

Lassen Sie sich als Existenzgründer beraten. Informationen und Beratungen stellen die regionalen Industrie- und Handelskammern zur Verfügung. Die Adresse Ihrer IHK erfahren Sie beim Dachverband:

Deutscher Industrie- und Handelstag (DIHT)
Adenauerallee 148
Postfach 1446, 53113 Bonn
Tel.: 0228/104-0 oder
Fax: 0228/104-158

internet: http://www.ihk.de
t-online: *IHK# (Btx:*69010#)

Musskaufmann – § 1 HGB

Musskaufmann ist, wer ein Grundhandelsgewerbe im Sinne des HGB betreibt. Dazu gehören:

1. Die Anschaffung und Weiterveräußerung von beweglichen Sachen (Waren) oder Wertpapieren, ohne Unterschied, ob die Waren unverändert oder nach einer Bearbeitung weiterveräußert werden. Zu den Warenkaufleuten gehören insbesondere Groß- und Einzelhandelskaufleute, die mit beweglichen Sachen handeln oder mit der Herstellung von Waren aus erworbenen Stoffen beschäftigt sind. Hierzu zählt allerdings nicht der Personenkreis, der sich mit dem An- und Verkauf von Grundstücken befasst (da dies keine beweglichen Sachen sind) sowie die sogenannte Urproduktion (z.B. Bergbau, Fischerei), weil die Waren hier nicht angeschafft werden.
2. Die Übernahme der Be- oder Verarbeitung von Waren für andere, sofern das Gewerbe nicht handwerklich betrieben wird (also z.B. Bauunternehmungen, Reparaturbetriebe, Färbereien etc.). Die Grenzziehung zwischen industriellen und handwerklichen Betrieben orientiert sich am Gesamtbild des Unternehmens und nicht an Mitarbeiterzahl, Umsatz oder anderen Zahlengrößen. Im Handwerksbetrieb arbeitet der Inhaber in der Regel persönlich mit, er beschäftigt überwiegend ausgebildete Mitarbeiter und der Anteil menschlicher Arbeit überwiegt den der industriellen Fertigung.

Der Praxistipp

Als Handwerker werden Sie erst buchführungspflichtig, wenn Ihre Zahlen (z.B. Umsatz) zu groß werden, oder Sie sich ins Handelsregister eintragen lassen).

3. Die Übernahme von Versicherungen gegen Prämien.
4. Bankier- und Geldwechslergeschäfte.
5. Die Übernahme der Beförderung von Gütern oder Reisenden.
6. Die Geschäfte der Kommissionäre, Spediteure oder Lagerhalter.
7. Die Geschäfte der Handelsvertreter oder -makler.
8. Verlagsgeschäfte sowie Buch- und Kunsthandel.
9. Druckereien (kein Handwerk).

Sollkaufmann – § 2 HGB

Egal, ob Muss-, Soll-, Kann- oder Formkaufleute – der Buchführungspflicht unterliegen alle Kaufleute außer den Minderkaufleuten und den Freiberuflern!

Sollkaufleute erwerben erst mit dem Eintrag ins Handelsregister die Kaufmannseigenschaften. Beispiele hierfür sind Kino- und Sanatorienbetreiber, Auskunfteien, Bauunternehmer und Handwerker.

Kannkaufmann – § 3 HGB

Grundsätzlich sind Land- oder Forstwirte sowie deren Nebenbetriebe, wie z.B. Brennereien oder Mühlen, keine Kaufleute. Sie können sich jedoch ins Handelsregister eintragen lassen, wenn ihr Betrieb eine kaufmännische Organisation erfordert.

Formkaufmann – § 6 HGB

Formkaufleute sind alle ins Handelsregister eingetragenen Handelsgesellschaften, ab dem Zeitpunkt ihrer Eintragung. Kleinere Betriebe werden dafür wahrscheinlich die Rechtsform der GmbH wählen.

Minderkaufmann – § 4 HGB

Betriebe, die nach Art und Umfang keinen in kaufmännischer Weise eingerichteten Geschäftsbetrieb erfordern, also Kleinbetriebe des Warenhandels und des Handwerks, wie etwa der „Tante Emma Laden“, sind von der Buchführungspflicht befreit.

Die täglichen Einnahmen und Ausgaben müssen allerdings in einem Kassenbuch erfasst werden.

Bei den Minderkaufleuten hat der Gesetzgeber allerdings wirklich nur an Kleingewerbetreibende gedacht. Nach §§ 140 und 141 des Steuerrechts können deshalb auch Minderkaufleute unter bestimmten Voraussetzungen zur Buchführung verpflichtet sein, nämlich wenn

- die Umsätze 500.000 DM im Kalenderjahr übersteigen,
- das Betriebsvermögen höher als 125.000 DM ist,
- die selbstbewirtschafteten land- und forstwirtschaftlichen Flächen einen Wirtschaftswert von mehr als 40.000 DM haben,
- der Gewinn aus dem Gewerbebetrieb jährlich 48.000 DM übersteigt oder der Gewinn aus Land- und Forstwirtschaft höher als 48.000 DM im Kalenderjahr ist.

Der Praxistipp

Die Rechtsform einer Gesellschaft mit beschränkter Haftung (GmbH) hat für kleinere und mittlere Unternehmen Vorteile; die Gesellschafter tragen z.B. nur das Risiko des Stammkapitals (Minimum 50.000 DM).

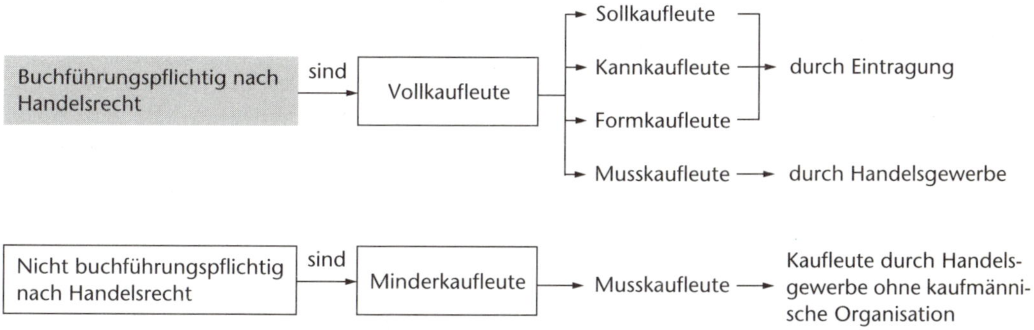

Freiberufler

Eine Ausnahme bilden die sogenannten Freiberufler. Darunter versteht man selbstständig Tätige, die keinen gewerblichen, land- oder forstwirtschaftlichen Betrieb haben, beispielsweise Architekten und Ingenieure, Steuerberater, Künstler oder Ärzte. Diesen freien Berufen und sonstigen Selbstständigen (im Sinne des § 18 EStG) sowie den Minderkaufleuten wird die Möglichkeit eingeräumt, ihren Gewinn nicht mit Hilfe der Bilanz zu ermitteln, sondern mit einem vereinfachten Verfahren (§ 4 Abs. 3 EStG).

Freiberufler können ihren Gewinn ermitteln, indem sie Einnahmen und Ausgaben gegeneinander verrechnen. Man spricht hier von einer Einnahmenüberschussrechnung.

Für die Einnahmenüberschussrechnung sind Einnahmen und Ausgaben in dem Jahr zu berechnen, in dem die Mittel tatsächlich fließen.

Der Gewinn bzw. Verlust kann durch eine **Einnahmenüberschussrechnung** ermittelt werden. Bei diesem Verfahren werden den jährlichen Betriebserlösen die Betriebsausgaben und Abschreibungen gegenüber gestellt. Dabei gilt das Zufluss- und Abflussprinzip, d.h. die Einnahmen sind erst in dem Kalenderjahr zu erfassen, in dem sie der Steuerpflichtige auch wirklich erhält (§ 11 Abs. 1 EStG), und die Ausgaben sind zu erfassen, wenn sie geleistet werden (§ 11 Abs. 2 EStG). Der Steuerpflichtige kann in einem bestimmten Rahmen den Zeitpunkt von Geldzufluss und -abfluss selbst bestimmen und hat damit Einfluss auf die Höhe seines Gewinns.

Da die Buchführung dem Unternehmer wichtige Informationen über seine Geschäftsführung geben kann, ist eine aussagefähige Buchführung oftmals auch dann zu empfehlen, wenn hierzu keine Verpflichtung besteht.

Bei der Berechnung der Betriebsausgaben sind viele Einzelheiten zu bedenken. Informationen geben der Steuerberater oder das Finanzamt.

Betriebsausgaben Auch wer nur eine Einnahmenüberschussrechnung durchführt, kann seine Betriebsausgaben abziehen, also diejenigen Aufwendungen, die durch den Betrieb verursacht werden. Sie mindern den Gewinn und damit die Steuerlast. Natürlich kann man nur Betriebsausgaben abziehen, die tatsächlich angefallen sind, aber zunächst muss man wissen, was dazugehört und – naheliegenderweise – das Jahr über die dazugehörigen Belege sammeln. Folgende Betriebsausgaben sind, neben den unmittelbaren Aufwendungen für Büro oder Werkstatt, steuerlich absetzbar:

- Werbeträger/Geschenke: bis zu einer Freigrenze von 75 DM pro Empfänger und Jahr.
- Bewirtungsaufwendungen: 80 % der Aufwendungen, wenn die betriebliche Veranlassung nachgewiesen wird.
- Reisekosten einschließlich Verpflegungskosten, Übernachtungskosten und anfallenden Nebenkosten.

Formulare für die Reisekostenabrechnung bietet der Schreibwarenhandel an.

Weiterführendes zu diesem Thema finden Sie auf Seite 140.

Einnahmenüberschussrechnung			
Heinz Marburger ...., 69192 Heidelberg **Anlage zur „Gewinnermittlung nach § 4 Abs. 3 ESTG"** per 31.12.			
A.	**BETRIEBSEINNAHMEN**		
	UMSATZERLÖSE MEHRWERTSTEUER SUMME BETRIEBSEINNAHMEN	14.890,50 DM 2.233,57 DM	 17.124,07 DM
B.	**BETRIEBSAUSGABEN**		
	1. WARENEINGANG (INKL: BEZUGSKOSTEN) ROH-, HILFS-,BETRIEBSTOFFE	-4.560,20 DM	
	2. STEUERBERATUNG	-575,10 DM	
	3. GERINGWERTIGE WIRTSCHAFTSGÜTER	-1.300,00 DM	
	4. **ABSCHREIBUNGEN** AFA AUF ANLAGEVERMÖGEN	-632,45 DM	
	5. KFZ-KOSTEN PAUSCHAL	-500,00 DM	
	6. TELEFON PAUSCHAL	-100,00 DM	
	7. BÜROMATERIAL	-345,12 DM	
	8. BEWIRTUNG 80%	-192,00 DM	
	9. PORTO	-52,00 DM	
	10. VORSTEUER	-1.310,30 DM	
	11. UMSATZSTEUER VORJAHR	-1.520,40 DM	
	12. WERKSTATTKOSTEN	-2.530,00 DM	
	13. UST VORAUSZAHLUNGEN	-1.450,70 DM	
	14. SCHULDZINSEN	-1.972,86 DM	
	15. HAUSVER.U.GRUNDSTEUER	-190,50 DM	
	SUMME BETRIEBSAUSGABEN		-17.231,63 DM
C.	**VERLUST**		**-107,56 DM**

Der Praxistipp

Achtung: Wenn Sie bei einer Überschuss-Rechung jahrelang nur Verluste machen, dann kann es passieren, dass das Finanzamt Ihr Unternehmen als „Liebhaberei" bezeichnet und sich die Steuern zurückholt!

Nach einem langen Arbeitstag sitzen die Stammtischler mal wieder zusammen. Julia, die Landschaftsarchitektin, ist heute bester Laune. Sie hat von einem Bauträger einen Planungsauftrag für eine große Parkanlage erhalten. Da in vier Wochen das Jahr zu Ende ist, hat der Auftraggeber sie gebeten, den Auftrag möglichst schnell zu erledigen und die Rechnung noch in diesem Jahr zu stellen. Julia ist verunsichert, da sie in diesem Jahr schon sehr gute Umsätze gemacht hat und nicht zu viele Steuern zahlen möchte. Die Steuerexpertin Katrin sieht darin kein Problem und rät Julia: „Freue dich über deinen Auftrag, bearbeite ihn und stelle die Rechnung noch dieses Jahr. Damit hat der Auftraggeber sein vermutliches Ziel, den Umsätzen noch schnell ein paar Lieferantenrechnungen entgegenzusetzen, erreicht. Du kannst ihn aber bitten, die Rechnung erst Anfang nächsten Jahres zu begleichen. Dann musst du diesen Umsatz erst nächstes Jahr versteuern."

Stefan, der seine Schreinerei als GmbH führt, beschwert sich über die Ungerechtigkeiten dieser Welt und erzählt, dass er auch einen großen Auftrag von einem Bauträger hatte. Nach erfolgter Ausführung konnte er eine Rechnung in Höhe von 116.000 DM stellen. Die 16.000 DM Umsatzsteuer habe er direkt an das Finanzamt abführen müssen. Dann ist der Bauträger in finanzielle Schwierigkeiten geraten und hat bisher nicht gezahlt. Stefan ist ziemlich sauer, dass er so viele Steuern zahlen musste, ohne bisher eine müde Mark vom Umsatz gesehen zu haben.

Katrin kann Stefan in diesem Fall auch nicht trösten. Er hat keine Möglichkeit, sich diesen großen Steuerbetrag vom Finanzamt stunden zu lassen. Er muss die Umsatzsteuer erstmal zahlen und hoffen, dass sein Auftraggeber die Rechnung bald begleicht.

Wer sich genauer über die gesetzlichen Grundlagen bzw. über die handelsrechtlichen Vorschriften zur Buchführungspflicht des Unternehmers informieren möchte, der sei auf die einschlägigen Gesetzestexte verwiesen:

- **Handelsgesetzbuch (3. Buch HGB).**

Steuerrechtliche Vorschriften finden sich in der:

- **Abgabenordnung (AO),**

und des Weiteren im:

- Einkommensteuergesetz (EStG),
- Körperschaftsteuergesetz (KStG),
- Umsatzsteuergesetz (UStG) und
- Gewerbesteuergesetz (GewStG).

Wie müssen Bücher geführt werden?

Damit die von der Buchführung zur Verfügung gestellten Informationen einen zuverlässigen und vergleichbaren Aussagewert haben, müssen die Buchungsverfahren gewissen Regeln folgen.

§ 238 Abs. 1 des Handelsgesetzbuches (HGB) sagt:
Jeder Kaufmann ist verpflichtet, Bücher zu führen und in diesen seine Handelsgeschäfte und die Lage seines Vermögens nach den Grundsätzen ordnungsmäßiger Buchführung ersichtlich zu machen.
Die Buchführung muss so beschaffen sein, dass sie einem sachverständigen Dritten innerhalb angemessener Zeit einen Überblick über die Geschäftsvorfälle und über die Lage des Unternehmens vermitteln kann. Die Geschäftsvorfälle müssen sich in ihrer Entstehung und Abwicklung verfolgen lassen.

§

Grundsätze ordnungsmäßiger Buchführung

Was genau die Grundsätze ordnungsmäßiger Buchführung (GoB) sind, die das HGB zur Grundlage jeder Buchführung macht, wird im Gesetz nicht zusammenhängend festgehalten. Der Gesetzgeber hat ganz bewusst neben dem Gesetz verschiedene Quellen für die GoB zugelassen. Dazu gehören die Rechtsprechung, die Praxis, die wissenschaftliche Diskussion und der so genannte gesunde Menschenverstand.

Die GoB sind zwar nicht gesetzlich festgelegt, aber es hat sich trotzdem ein verbindlicher Rahmen entwickelt.

Man versucht in der Regel, zwischen formalen und inhaltlichen Grundsätzen zu unterscheiden. Die wichtigsten Grundsätze sind nachfolgend zusammengefasst:

Grundsatz der formellen Richtigkeit
Keine Buchung ohne Beleg (Rechnung, Quittung, Eigenbeleg). Die buchführungspflichtigen Vorgänge müssen **vollständig, richtig** und **sachlich geordnet** gebucht werden. Möglichst keine Veränderungen von Buchungen und Belegen. Radieren, Überschreiben, Löschen oder Überspielen von Datenträgern sollte tunlichst vermieden werden. Sind Korrekturen unumgänglich, so sollten sie über Stornobuchungen ausgeführt werden. In begründeten Fällen sind auch Streichungen möglich, allerdings muss der Vorgang in allen Schritten nachvollziehbar bleiben. Keinesfalls sollte man also mit dem „dicken Stift" etwas unleserlich durchstreichen. Aber es ist auch nicht notwendig, Kassenbücher „neu" zu schreiben, weil man sich verschrieben hat.
Grundsatz der Zeitfolge
Die Buchungen müssen **fortlaufend** und **zeitnah** erfolgen. So sind beispielsweise Kasseneinnahmen und -ausgaben täglich aufzuzeichnen.
Grundsatz der Klarheit und Nachprüfbarkeit
Die Buchungen müssen **klar** und **übersichtlich** sein, ein sachverständiger Dritter muss sich innerhalb einer angemessenen Zeit einen Überblick verschaffen können.
Grundsatz der Vollständigkeit
Alle Belege müssen **lückenlos** erfasst werden. Bei der Erfassung von Kundenrechnungen darf nicht „aus Versehen" eine Rechnung vergessen werden.
Grundsatz der materiellen Richtigkeit
Die Geschäftsvorfälle sollen ihrem **tatsächlichen Inhalt** entsprechend gebucht werden. Wenn eine Rechnung über 20,05 DM lautet, darf sie nicht der Einfachheit halber mit 20,00 DM in der Buchführung erscheinen.
Grundsatz der periodengerechten Abgrenzung
Alle Buchungen müssen in dem Zeitraum vorgenommen werden, zu dem sie wirtschaftlich auch gehören. Die Verschiebung von Einnahmen oder Ausgaben ist nicht erlaubt.

Da der Computer heute aus der Buchführung kaum noch wegzudenken ist und gerade in der EDV eine Vielzahl von bewussten oder versehentlichen Datenmanipulationen vorkommen, sind auch **Grundsätze ordnungsmäßiger Speicherbuchführung (GoS)** erarbeitet worden. Sie ergänzen die GoB im Bezug auf die Anforderungen an die Dokumentation und Nachprüfbarkeit der Buchführung auf Datenträger. Wichtig hierbei ist, dass die auf modernen Datenträgern gespeicherte und mit dem Computer geführte Buchführung während der Aufbewahrungsfrist verfügbar ist und innerhalb eines angemessenen Zeitraumes lesbar gemacht werden kann.

Der Praxistipp

Eine überschaubare Buchführung dient nicht nur dem Gesetzgeber.

Richtigkeit, Übersichtlichkeit und Nachvollziehbarkeit

- sind von Vorteil für die eigene Arbeitsweise (denn Disziplin vermeidet Chaos),
- erleichtern die Übergabe von Aufgaben im Vertretungs- und Krankheitsfall,
- reduzieren den Arbeitsaufwand durch Routinen, Regeln und Standards.

Heute erzählt Jakob eine Begebenheit aus seiner Tanzschule. Jakob hat viele Teenies in seinen Tanzstunden. Einige von ihnen bekommen das Geld für die Unterrichtskurse von ihren Eltern in die Hand gedrückt und bezahlen in den ersten Stunden bar. Jakob hatte das Geld immer brav in die Kasse gelegt, die Teilnehmerliste abgehakt und damit war die Sache für ihn erledigt. Genauso entnahm er bei Bedarf Geld für Einkäufe.

Sein Steuerberater, ein Mann mit gutem Zahlengefühl, wunderte sich eine Weile über die verhältnismäßig geringen Umsätze von Jakob. Nach langem Gespräch haben sie dann den Fehler gefunden. Jakob hat seine Bareinnahmen unbewusst der Buchführung verheimlicht. Er hatte versäumt, Belege über die Einnahmen in die Kasse zu legen – die Bareinnahmen sozusagen einfach vergessen.

Jetzt hat er einen großen gelben Zettel über seinem Schreibtisch, der ihn stets an den wichtigen Grundsatz erinnert: „KEINE BUCHUNG OHNE BELEG“. Und für jede Zahlung wird ein Einnahmebeleg erstellt und alle Ausgabebelege werden auch direkt in die Kasse gelegt. Vordrucke für seine Belege hat Jakob im Schreibwarenhandel erstanden.

Beispiele typischer Kassenbelege

Deutsche Post AG
53111 Bonn 17
82531342 9651 17.11.97

*32,40 DM

Postwertzeichen ohne Zuschlag

Vielen Dank für Ihren Besuch.
Ihre Deutsche Post AG

Quittung

Nr.

netto	DM		Pf	
+ 16 % MWSt	DM		Pf	
gesamt	DM	103	Pf	00

Gesamtbetrag DM in Worten
– Eins – Null – Drei – Pfennig wie oben

von

für Epson Tintenpatronen

dankend erhalten

Ort Datum 03. 04. 1998

Buchungsvermerke

Stempel/Unterschrift des Empfängers
totoo
bürosysteme
Hauptstraße 17
68782 Ketsch

Zweckform Quittung

Aufgaben

1. Wie können Sie in Erfahrung bringen, ob Sie buchführungspflichtig sind?

2. Sie sind Unternehmer und zum Führen von Büchern gesetzlich verpflichtet.

   - Welche Motivation haben Sie, auf eine gute Buchführung zu achten?
   - Wer außerhalb Ihres Unternehmens hat ein Interesse an Ihrer Buchführung?

3. Überlegen Sie, wer verpflichtet ist, Bücher zu führen:

   - der Besitzer eines kleinen Kiosks,
   - der freiberuflich tätige Ingenieur,
   - der selbstständige Elektriker ohne Mitarbeiter,
   - der Schreinermeister, dessen Handwerksbetrieb als GmbH im Handelsregister eingetragen ist,
   - der Landwirt, dessen selbstbewirtschaftete land- und forstwirtschaftliche Fläche einen Wert von ungefähr 50.000 DM hat,
   - der Spediteur,
   - der Winzer, der zur Organisation seines Betriebes einen kaufmännischen Mitarbeiter hat und im Handelsregister eingetragen ist.

4. Mit Hilfe einer Einnahmenüberschussrechnung kann der Betriebserlös sehr einfach ermittelt werden – dabei werden die jährlichen Einnahmen den Betriebsausgaben und Abschreibungen gegenübergestellt. Wer darf statt einer ausführlichen Buchführung eine einfache Einnahmenüberschussrechnung durchführen?

5. Welche Quellen gibt es für die Grundsätze ordnungsmäßiger Buchführung?
   Nennen Sie die wichtigsten GoB.

6. Warum ist die Ergänzung der Grundsätze ordnungsmäßiger Buchführung (GoB) durch die Grundsätze ordnungsmäßiger Speicherbuchführung (GoS) wichtig?

Die Lösungen zu diesen Aufgaben finden sich auf Seite 182 ff.

Organisation der Buchführung

Vor der Auseinandersetzung mit den eigentlichen Inhalten des Themas Buchführung steht in der Theorie wie in der Praxis eine ergänzende Aufgabe. Der organisatorische Unterbau der Buchführung muss gestaltet werden. Was heißt das?

Je besser die Organisation Ihrer Buchführung ist, desto weniger Zeit und Geld kostet Sie das Führen Ihrer Bücher, desto schneller können Sie Ihre Daten auswerten und desto besser können Sie Ihre Zahlen überwachen.

Es genügt nicht, wenn man ein ausführliches theoretisches Wissen besitzt und jeden Buchungssatz perfekt ausführen kann.

Leitfragen zur Organisation

Die Beantwortung der nachfolgenden Fragen wird Ihnen helfen, Ihre Buchführung zu organisieren:

Wer ist innerhalb und außerhalb des Unternehmens für die einzelnen Arbeitsschritte der Buchführung zuständig?

Es kann fallweise sinnvoll sein, eine Zusammenarbeit mit einem Steuerberater zu vereinbaren und die Aufgaben intern und extern zu verteilen.

Wie muss das Ablagesystem für die Buchführungsunterlagen aufgebaut sein?

Im Interesse einer zügigen Bearbeitung sowie der späteren Nachvollziehbarkeit und evtl. Beweisführung sollte der Zugriff auf einzelne Belege jederzeit möglich sein, ferner sind Aufbewahrungspflichten zu beachten.

Welche regelmäßigen Tätigkeiten müssen erledigt werden und wann müssen einzelne Aufgaben ausgeführt werden?

Da jeden Monat die gleichen Buchführungsaufgaben anfallen, kann ein systematischer Arbeitsplan die Durchführung stark vereinfachen.

Wird die Buchführung durch den Einsatz von EDV im Unternehmen erleichtert?

Die moderne Datenverarbeitungstechnik ist heute aus keinem Unternehmen mehr wegzudenken. Um wirklich Arbeitserleichterungen und Informationsvorsprünge zu erreichen, muss das EDV-Konzept jedoch gut durchdacht sein.

Aufgabenverteilung

Vor der Geschäftsgründung, oder manchmal auch dann, wenn man das Gefühl hat, es läuft nicht (mehr) richtig, muss man die kaufmännischen Eckdaten des Betriebes überprüfen. Wie und wohin soll sich der Betrieb mittelfristig entwickeln? Welche Ziele setzen Sie sich für Größe, Umsatz und Mitarbeiterzahl? Entscheidend ist, dass solche Fragen nicht erst geklärt werden, wenn das Finanzamt seinen Fragebogen zur Geschäftsgründung schickt (vgl. Abbildung) oder, noch schlimmer, Liquiditätsengpässe bestehen.

Die Größe und Struktur des Unternehmens entscheidet darüber, ob lediglich eine Einnahmenüberschussrechnung durchgeführt wird, oder ob eine Buchführungspflicht besteht (vgl. dazu S. 19 f).

Jeder Existenzgründer, der zukünftig seine Buchhaltung außer Haus vom Steuerberater erledigen lassen möchte, sollte bereits zu Beginn seiner Planung den Kontakt zu diesem suchen. Dann kann frühzeitig ein gutes Informationssystem aufgebaut werden und zusätzlich erspart dies Kosten.

Die Aufgabenverteilung im Bereich Buchführung erfolgt in mehreren Einzelschritten, die sich wiederum an Leitfragen orientieren können:

1. **Wer ist im Unternehmen für die Buchführung verantwortlich?**
2. **Welche Aufgaben werden intern im Unternehmen erledigt, welche Dienstleistungen können bzw. sollen von externen Beratern und/oder Hilfskräften übernommen werden?**
3. **Wer führt die im Unternehmen verbleibenden Aufgaben aus?**
4. **Wie können Schnittstellen gestaltet werden?**

Erster Schritt: Zunächst muss festgelegt werden, wer die inhaltliche Verantwortung übernimmt. Die Verantwortung für die Buchführung im Unternehmen kann von der Unternehmensleitung übernommen werden. In kleineren Betrieben übernimmt zumeist der Firmeninhaber, also der Chef bzw. die Chefin diesen kaufmännischen Bereich. Mit wachsender Betriebsgröße wird die Zuständigkeit und Verantwortung zumeist auf kaufmännische Mitarbeiter übertragen, die bei größeren Unternehmen oftmals die Position eines Abteilungsleiters innehaben.

Der Praxistipp

Um Kosten zu sparen kann man die Buchungen von freien Mitarbeitern ausführen lassen. Der Jahresabschluss sollte allerdings von einem Steuerberater durchgeführt werden.

Zweiter Schritt: Anschließend muss über die interne und externe Verteilung der Aufgaben entschieden werden. Dienstleister wie Steuerberater oder frei arbeitende Bilanzbuchhalter können einzelne Arbeitsschritte übernehmen. Beispielsweise kann die reine Buchungstätigkeit von einem Buchhalter in freier Mitarbeit geleistet werden, während der Jahresabschluss von einem Steuerberater durchgeführt werden sollte. Je nach Kapazität und Kenntnis können jedoch auch alle Aufgaben im Unternehmen verbleiben.

Es ist sinnvoll und notwendig, die einzelnen Arbeitschritte der Buchführung genau zu planen. Das ermöglicht Entscheidungen über die Durchführung und führt letztendlich zu rationellem und kostengünstigen Arbeiten.

Dritter Schritt: Sind die intern zu erledigenden Aufgaben definiert, muss die Stellenzuordnung erfolgen. In der Praxis kann das für ein kleines Unternehmen oftmals ganz einfach bedeuten, dass der Chef des Betriebs die Vorarbeiten der Buchführung selbst ausführt. Allerdings wird er mit wachsender Betriebsgröße seine Kapazitäten anderweitig benötigen, so dass hierfür schnell Personalbedarf, sei es an festangestellten Mitarbeitern oder freien Dienstleistern, wachsen wird.

Vierter Schritt: Wenn Sie sich für eine externe Zusammenarbeit entschieden haben, dann ist es notwendig, die Schnittstellen zu gestalten. Dabei ist unter anderem zu klären, welche Belege oder Unterlagen zu welchen Zeitpunkten übergeben werden und in welcher Form das geschehen soll. Aber auch betriebsintern ist natürlich im einzelnen zu klären, wo sich Aufgabenbereiche der einzelnen Mitarbeiter berühren.

Beispiel für einen Fragebogen zur Geschäftsgründung

Aufnahme einer gewerblichen oder beruflichen Tätigkeit

Fragebogen zur steuerlichen Erfassung

Hinweis:
Die mit diesem Fragebogen angeforderten Daten werden aufgrund der §§ 88, 90, 93 und 138 der Abgabenordnung erhoben.

Das Zutreffende ist angekreuzt [X] bzw. ausgefüllt.

An das Finanzamt
MANNHEIM-STADT

Aktenzeichen / Steuernummer
XX999/X999X

1. Allgemeine Angaben

Gewerbetreibender oder freiberuflich Tätiger
Vor- und Zuname (ggf. auch Geburtsname): MARIE HALLDORF

Geburtsdatum	Religion	
05.07.65	R.-K.	

Straße, Hausnummer: HEIDELBERGER STR. 17

PLZ	Wohnort	Telefonisch erreichbar unter Nr.
68259	MANNHEIM	

Falls innerhalb der letzten 12 Monate zugezogen:

Zugezogen am	Frühere Anschrift

Verheiratet seit dem	Verwitwet seit dem	Geschieden seit dem	Dauernd getrennt lebend seit
05.06.92			

Ehegatte
Vor- und Zuname (ggf. auch Geburtsname): HORST HANSEN

Geburtsdatum	Religion	Ausgeübter Beruf
20.09.61	R.-K.	HAUSMANN

Straße und Hausnummer, Postleitzahl, Wohnort (falls abweichend)

Kinder mit Wohnsitz im Inland

Vorname (ggf. abweichender Familienname)	Geburtsdatum	
KLARA	12.12.95	

Steuerlicher Berater
[X] nein [ ] ja — Name und Anschrift

Bankverbindung für Steuererstattungen

Kontonummer	Bankleitzahl
77570471	670 930 00

Geldinstitut (Name, Ort): STADTSPARKASSE MANNHEIM

Waren Sie in den letzten drei Jahren für Zwecke der Einkommensteuer steuerlich erfaßt?
[ ] nein [X] ja — Finanzamt, Steuernummer: MANNHEIM-STADT

– 2 –

2. Angaben zur gewerblichen oder beruflichen Tätigkeit

Art des ausgeübten Gewerbes / der ausgeübten Tätigkeit – Bitte ggf. den Schwerpunkt angeben! –
BERATENDE INGENIEURLEISTUNGEN
PLANUNG VON HAUSTECHN. ANLAGEN – BAULEITUNG

Anschrift des Unternehmens (Straße, PLZ, Ort)
HEIDELBERGER STR. 17, 68259 MANNHEIM

Beginn der Gewerbeausübung / der Tätigkeit
01.03.98

Ist in den letzten drei Jahren schon ein Gewerbe betrieben oder eine berufliche Tätigkeit ausgeübt worden?

☒ ja ☐ nein

Wenn ja:

a) Art, Ort und Dauer der Tätigkeit
Fa. KOBOLD GmbH, HEIDELBERG, TECHN. LEITERIN SEIT 1990

b) Finanzamt, Steuernummer, Umsatzsteuer-Identifikationsnummer
MA-STADT

3. Angaben zur Festsetzung der Vorauszahlungen (Einkommensteuer, Gewerbesteuer)

Voraussichtliche Einkünfte aus	Jahr der Betriebseröffnung DM Steuerpfl.	Jahr der Betriebseröffnung DM Ehegatte	Folgejahr DM Steuerpfl.	Folgejahr DM Ehegatte
Gewerbebetrieb				
selbständiger Arbeit	50.000		90.000	
nichtselbständiger Arbeit				

Gütergemeinschaft (bei Ehegatten)

☒ ja ☐ nein

Wenn ja:
Befindet sich der Betrieb im Gesamtgut der Ehegatten?

☒ ja ☐ nein

4. Lohnsteuer

Anzahl der Arbeitnehmer KEINE

Lohnsteuer-Anmeldungen werde ich

☐ monatlich ☐ vierteljährlich ☐ jährlich abgeben.

Die Lohnkonten werden geführt in (Anschrift)

Übermittlung der Lohnsteuer-Anmeldungen durch Datenträger

☐ ja ☒ nein

Wenn ja, bitte Erklärung nach § 2 Nr. 2 StADV abgeben

– 3 –

5.	**Umsatzsteuer**		
		Jahr der Betriebseröffnung DM	Folgejahr DM
	Gesamtumsatz (geschätzt)	50.000	90.000
	Davon ohne Vorsteuerabzug		
	Davon mit Vorsteuerabzug		

☐ Auf die Anwendung des § 19 Abs. 1 Umsatzsteuergesetz wird verzichtet.

Berechnung der Steuer nach

☐ vereinbarten Entgelten (Soll-Versteuerung)

☒ vereinnahmten Entgelten (Ist-Versteuerung wird hiermit beantragt)

☐ Ich beantrage, mich von der Verpflichtung zur Abgabe von Umsatzsteuer-Voranmeldungen zu befreien, da die jährliche Umsatzsteuerschuld voraussichtlich nicht mehr als 1000 DM betragen wird.

Umsatzsteuer-Voranmeldungen werde ich

☒ monatlich ☐ vierteljährlich abgeben.

☐ Dauerfristverlängerung für die Abgabe der Umsatzsteuer-Voranmeldungen wird beantragt (Vordruck USt 1 H)

Übermittlung der Umsatzsteuer-Voranmeldungen durch Datenträger

☐ ja ☒ nein

Wenn ja, bitte Erklärung nach § 2 Nr. 2 StADV abgeben

☒ Ich beantrage eine Umsatzsteuer-Identifikationsnummer für innergemeinschaftliche Lieferungen und / oder die Besteuerung innergemeinschaftlicher Erwerbe.

Ich versichere, daß ich die vorstehenden Angaben wahrheitsgemäß nach bestem Wissen und Gewissen gemacht habe.

Mannheim, 15.01.98
Datum

[Unterschrift, handschriftlich]
Unterschrift

Dieser Fragebogen ist lediglich ein Muster!
Bitte fragen Sie Ihr zuständiges Finanzamt nach dem jeweils für Sie geltenden Formularvordruck.

In der Praxis kleinerer Unternehmen muss die Aufgabenverteilung grundsätzlich individuell erarbeitet und den Bedürfnissen angepaßt werden. Die folgenden Beispiele zeigen Ihnen eine kleine Auswahl von Möglichkeiten:

Der Praxistipp

Suchen Sie den Steuerberater nicht erst auf, wenn Ihre Kasse leer ist. Suchen Sie bereits vor Firmengründung eine Person Ihres Vertrauens.

Oft sind kleinere Betriebe bei „kleineren" Beratern besser aufgehoben, bei großen Büros besteht die Gefahr, dass sie zwischen den „großen Fischen" untergehen.

- **Der Boss macht alles selbst!**
  Diese Lösung der Aufgabenverteilung ist die einfachste. Sie hat aber nur Sinn, wenn es sich um ein sehr kleines Unternehmen handelt, in dem der Unternehmer gleichzeitig „Mädchen für alles" ist, zumeist ein „Ein-Mann(Frau)-Unternehmen". Dies verlangt jedoch gute kaufmännische bzw. buchhalterische Fähigkeiten des Unternehmers, wobei ein kaufmännisches Basiswissen zur Unternehmensleitung grundsätzlich dazu gehört. Außerdem muss der Arbeitsalltag genug Zeit für die buchhalterischen Tätigkeiten übrig lassen.
- **Der Boss macht die Grundlagenarbeit selbst, der Steuerberater wird als Beratungs- und Kontrollinstanz hinzugezogen.**
  Externe Beratung und fachliche Unterstützung ist immer dann sinnvoll, wenn im eigenen Unternehmen
  - das Wissen oder
  - die Zeit

  fehlen, um bestimmte Aufgaben selbst auszuführen.

In der Geschäftsgründungsphase wird der Inhaber die Buchführung aus Gründen der Kostenersparnis gerne selbst durchführen. Später wird es oft notwendig, sie zunehmend in professionelle Hände zu übergeben.

- **Im Unternehmen wird die Vorarbeit von einer kaufmännischen Kraft geleistet, der Abschluss erfolgt durch den Steuerberater.**
  Eine kaufmännische Kraft kann im Unternehmen neben allgemeinen Büroaufgaben auch buchhalterische Aufgaben übernehmen.
  Wenn das Unternehmen noch keine eigens dafür angestellte Kraft tragen kann, ist es auch möglich einzelne Aufgabenbereiche an freie Mitarbeiter zu vergeben. Den Jahresabschluss muss ein Steuerberater durchführen.

- **Alle die Buchführung betreffenden Aufgaben werden vollständig vom Steuerberater übernommen.**
  Wenn im Unternehmen keine Kapazitäten oder Kenntnisse vorhanden sind, um die notwendigen Buchführungsaufgaben zu übernehmen, können einfach alle Unterlagen „im Schuhkarton" zur Bearbeitung an ein Steuerbüro weitergegeben werden.

Die Übergänge sind fließend und es haben sich in der Praxis auch viele Zwischenstufen bewährt. Auf große Unternehmen, die ihre eigenen Buchführungsabteilungen haben, kann an dieser Stelle nicht eingegangen werden.

Die letztendlich gewählte Organisationsform kann natürlich grundsätzlich auch mit einem Steuerberater erarbeitet werden, was sich im Alltag sehr empfiehlt. Ihr Steuerberater wird sicher die Knackpunkte der Organisation kennen, die Ihnen möglicherweise erst auffallen, wenn etwas schief gegangen ist.

Der Praxistipp

Bei der Suche nach dem geeigneten Steuerberater hilft Ihnen der Deutsche Steuerberaterverband kostenlos weiter. Eine Liste passender Steuerberater können Sie anfordern bei:

Deutscher Steuerverband e.V.
Stichwort:
Steuerberater-Suchservice
Bertha-von-Suttner-Platz 6
53111 Bonn
Tel.: 0228/985940

Steuerberater kann man auch über's Internet finden:
http:/www.steuerkanzleien.de

Bedeutung und Art von Belegen – Ablagesystematik

Es geht los, jetzt stellt sich die Frage: Wie wird die Ablage organisiert?

Grundlage der Buchführung ist der sachgerechte Umgang mit den zur Buchführung gehörenden Unterlagen, insbesondere den Belegen.

Der Praxistipp

Vergessen Sie nicht, sich von jedem Beleg (Handelsbriefe, Gutschriften, Rechnungen), den Sie selbst erstellen oder versenden, vor dem Weiterreichen an Dritte eine Kopie oder Durchschrift zu erstellen.

Der Beleg ist das Bindeglied zwischen Geschäftsvorfall und Buchführung. Deswegen gilt als Grundsatz der ordnungsmäßigen Buchführung:

Keine Buchung ohne Beleg !!!

Man kann zwischen Fremdbelegen (externe Belege) und Eigenbelegen (interne Belege) unterscheiden.

Während Fremdbelege von außen in die Unternehmung kommen, werden Eigenbelege im Unternehmen selbst erstellt.

Fremdbelege	Eigenbelege
Eingangsrechnungen	Durchschriften von Ausgangsrechnungen
Quittungen	Quittungsdurchschriften
Gutschriften	Durchschriften von Gutschriften
Bankbelege	Lohn- und Gehaltslisten
Postbelege	Belege über Privatentnahmen
Steuerbescheid	Belege über Storno- und Umbuchungen sowie Abschlussbuchungen
erhaltene Geschäftskorrespondenz	Durchschriften versandter Geschäftskorrespondenz

Keine Panik, wenn mal ein Beleg verloren geht! Sie können Ersatzbelege erstellen oder Duplikate anfordern, die vom Finanzamt anerkannt werden.

Ersatzbeleg Geht ein Originalbeleg verloren, muss ein Not- oder Ersatzbeleg erstellt werden. Bei Fremdbelegen besteht die Möglichkeit, den Aussteller um eine Kopie des Originals zu bitten. Der Ersatzbeleg muss alle wichtigen Daten und Angaben des Originals enthalten, dann wird er sicher auch von dem für Sie zuständigen Finanzamt anerkannt werden.

Bearbeitungsstufen

Die Belege durchlaufen in der Buchführung drei Bearbeitungsstufen:

1. **Vorbereitung der Belege zur Buchung,**
2. **Buchung der Belege,**
3. **Ablage und Aufbewahrung der Belege.**

Vorbereiten Die Belege müssen sorgfältig auf ihre sachliche und rechnerische Richtigkeit hin überprüft werden und nach Belegart sortiert werden:

- Ausgangsrechnungen,
- Gutschriften an Kunden,
- Eingangsrechnungen,
- Gutschriften von Lieferanten,
- Lohn- und Gehaltslisten,
- Bankbelege,
- Postgirobelege,
- Kassenbelege,
- Privatentnahmen,
- sonstige Belege.

Die Belege müssen vor dem Verbuchen sachlich und rechnerisch geprüft und dann sortiert werden.

Beleg-Bearbeitungsstufen

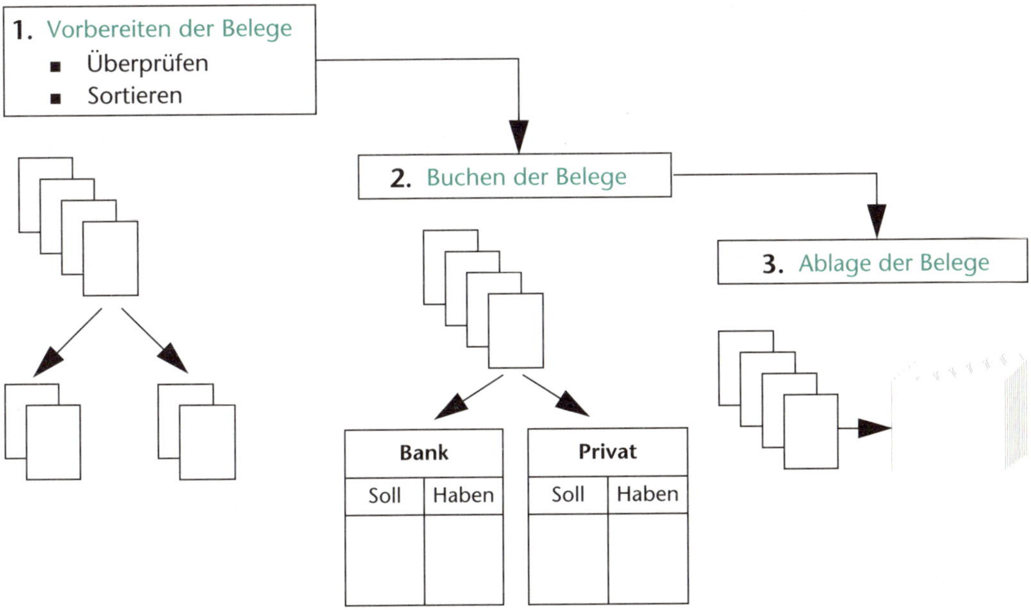

Buchen Da die Buchungsvorgänge in den folgenden Kapiteln ausführlich beschrieben werden, wenden wir uns hier gleich dem letzten Schritt zu.

Ablegen Wenn die Belege ordnungsgemäß verbucht sind, können sie abgelegt werden. Aber:

Der Praxistipp

Bevor Sie daran gehen, Ihre Ablage zu organisieren, blättern Sie doch einmal mit etwas Ruhe in einem Katalog für Büromaterialien. Sie werden überrascht über die Vielfalt der organisatorischen Hilfsmittel sein.

Wie wird die Ablage organisiert?

In der Praxis hat es sich bewährt, die verbuchten Belege sortiert nach Belegart abzulegen. Dabei wird für jedes Geschäftsjahr und für jede Belegart ein Ordner angelegt.

In Ihrem Regal gibt es im Bereich Buchführung also folgende Ordner:

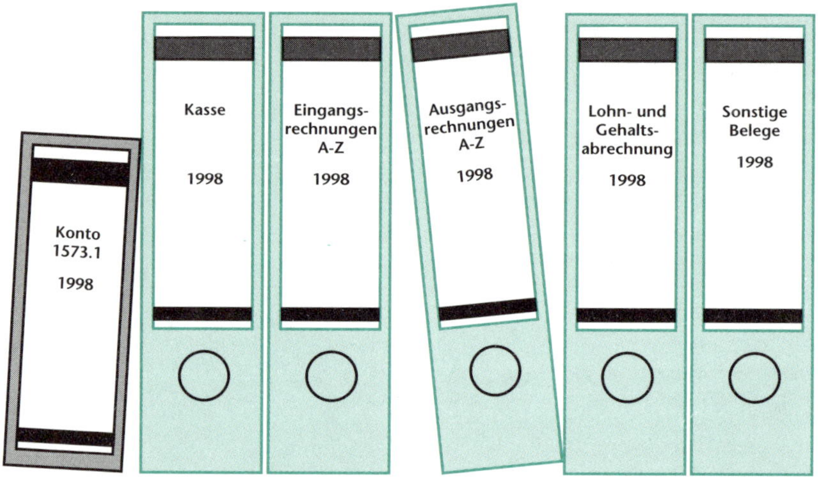

Innerhalb der Ordner kann nach Datum oder nach Alphabet sortiert werden, wobei sich jeweils bestimmte Methoden empfehlen:

Der Praxistipp

Legen Sie ein eigenes Bankkonto für's Geschäft an!

Und vermeiden Sie, insbesondere bei Barbelegen, eine „Hosentaschenablage".

Bank- und Postgirobelege werden fortlaufend nach Datum sortiert abgelegt.

Kassenbelege werden fortlaufend nach Datum sortiert abgelegt. Hilfreich ist die Verwendung von einem Register pro Monat.

Eingangs- und Ausgangsrechnungen sowie Gutschriften werden

1. **nach Alphabet geordnet, d.h. man kann die Rechnungen des laufenden Jahres von Kunden „Abel" alle hintereinander wieder finden,**
2. **nach Datum, d.h., die aktuellste Rechnung des Kunden „Abel" liegt oben auf.**

Aufgeschlagener Ordner „Ausgangsrechnungen“

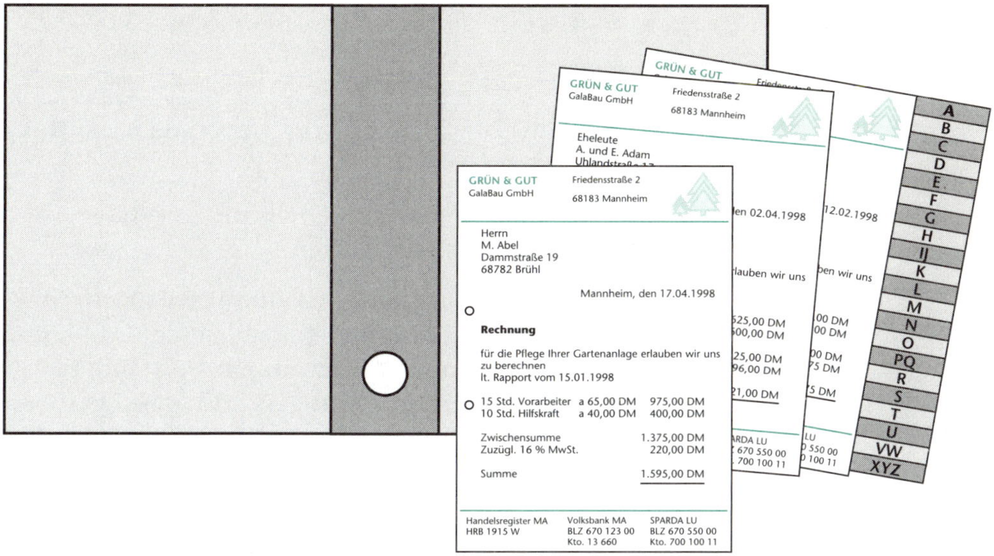

Kundennummern Wenn Sie Ihre Verwaltung und Buchführung in absehbarer Zeit auf EDV umstellen oder erst einrichten wollen, sollten Sie Kundennummern vergeben. Diese können direkt an den Kontenrahmen (vgl. dazu Seite 75 ff) angeglichen werden. Eine derartige Organisation erleichtert die anschließenden Buchungsarbeiten erheblich, da ein Zuordnungsschritt eingespart wird. Ihr Steuerberater wird Sie bei der Systematik Ihrer Kundennummern gerne beraten.

Die Vergabe von Kundennummern erleichtert die Buchungsarbeit erheblich!

Der Praxistipp

Gestalten Sie Ihre Ablage nach dem Prinzip:
Je häufiger Unterlagen benötigt werden, desto näher müssen sie am Arbeitsplatz liegen. Unterlagen, die nur noch aus rechtlichen Gründen aufbewahrt werden, aber nicht mehr für die tägliche Arbeit gebraucht werden, können bei Platzmangel auch ausgelagert werden.

Aufbewahrungspflichten

Der Gesetzgeber verlangt, dass die Unterlagen der Buchführung aufbewahrt werden. Die Aufbewahrungspflichten sind im Einzelnen in § 257 HGB und in § 147 AO definiert. Es wird darin geregelt,

- welche Unterlagen (§ 257 Abs. 1,2),
- wie lange (§ 257 Abs. 4,5) und
- in welcher Form aufbewahrt werden müssen (§ 257 Abs. 3).

§

§ 257 HGB Aufbewahrung von Unterlagen. Aufbewahrungsfristen.

(1) Jeder Kaufmann ist verpflichtet, die folgenden Unterlagen geordnet aufzubewahren:

1. Handelsbücher, Inventare, Eröffnungsbilanzen, Jahresabschlüsse, Lageberichte, Konzernabschlüsse, Konzernlageberichte sowie die zu ihrem Verständnis erforderlichen Arbeitsanweisungen und sonstigen Organisationsunterlagen,
2. die empfangenen Handelsbriefe,
3. Wiedergaben der abgesandten Handelsbriefe,
4. Belege für Buchungen in den von ihm nach § 238 Abs.1 zu führenden Büchern (Buchungsbelege).

(4) Die in Absatz 1 Nr. 1 aufgeführten Unterlagen sind zehn Jahre und die sonstigen in Absatz 1 aufgeführten Unterlagen sechs Jahre aufzubewahren.

(5) Die Aufbewahrungsfrist beginnt mit dem Schluss des Kalenderjahrs, ...

Eröffnungsbilanzen und Jahresabschlüsse müssen im Original aufbewahrt werden, alle anderen Unterlagen können auf Bild- oder Datenträger gespeichert werden.

Der Gesetzgeber schreibt vor, dass Eröffnungsbilanzen, Jahresabschlüsse und Konzernabschlüsse im Original aufzubewahren sind. Alle anderen Unterlagen können auf Bild- oder Datenträgern aufbewahrt werden. In der Praxis werden für die Aufbewahrung häufig die Verfahren der Mikroverfilmung oder die Speicherung auf Datenbändern oder -kassetten angewendet. Auch diese Daten müssen

- den Grundsätzen ordnungsmäßiger Buchführung entsprechen,
- mit den Originalunterlagen inhaltlich übereinstimmen und
- während der Dauer der Aufbewahrungsfrist verfügbar und jederzeit lesbar sein.

Regelmäßige Tätigkeiten – wann wird was erledigt?

Die Buchführung besteht zu einem großen Teil aus Routinen, d.h. aus immer wiederkehrenden Tätigkeiten und Aufgaben. Gerade in kleinen Unternehmen, wo eine Person oft viele verschiedene Dinge zu erledigen hat, kann es sinnvoll sein, einen Arbeitsplan zu erarbeiten.

Arbeitsplan

Am besten macht man sich einen festen Arbeitsplan, in dem festgelegt wird, wann welche Arbeitsschritte innerhalb einer Woche bzw. eines Monats oder eines Quartals zu erledigen sind. Die Vorgehensweise nach einem definierten Schema hat den Vorteil, dass auch in Stresssituationen jederzeit der Überblick behalten wird. Da kann es eben nicht passieren, dass vor lauter Auftragsstress völlig vergessen wird, die Kundenrechnungen zu schreiben und dass das Konto leer bleibt. Eine Möglichkeit ist es, sich für vorher festgesetzte Tage immer eine bestimmte Aufgabe vorzunehmen.

Da die Buchführung viele Routinetätigkeiten beinhaltet, erleichtert man sich den Arbeitsalltag, wenn man sich einmal Gedanken über einen festen Arbeitsplan macht.

Zahlungstermine In diesem Zusammenhang ist es wichtig, die Zahlungstermine zu kennen. So ist es beispielsweise günstig, einen Skontoabzug selbst dann in Anspruch zu nehmen, wenn das Konto überzogen ist. Die für Überziehungen fälligen Zinsen werden auf's Jahr berechnet. Die Ersparnis bei Begleichung des gesamten Rechungsbetrages nach Kontodeckung ist in der Regel geringer als die 2-3 % Skonto, die in Abzug gebracht werden können. Um diesen Vorteil nutzen zu können, muss man die Zahlungstermine im Griff haben.

Der Praxistipp

Erteilen Sie bei regelmäßigen Zahlungen, z.B. für Strom, Wasser und Miete, Einzugsermächtigungen. Sie reduzieren Ihren Arbeitsaufwand und sparen weitere Gebühren bei Verzug.

Wichtig sind darüberhinaus auch die Steuertermine. Die folgende Liste gibt einen Überblick über gängige Abgabedaten für die unterschiedlichen Steuerarten die in der Regel in Unternehmen anfallen:

Steuerart	Jan	Feb	Mär	Apr	Mai	Jun	Jul	Aug	Sep	Okt	Nov	Dez
ESt/KSt/KiSt der Veranlagten			10.			10.			10.			10.
USt/LSt/KISt für Arbeitnehmer												
a) für Monatszahler	10.	10.	10.	10.	10.	10.	10.	10.	10.	10.	10.	10.
b) für Vierteljahreszahler	10.		10.			10.			10.			10.
c) für Jahreszahler	10.											
Vermögenssteuer		10.			10.			10.			10.	

Stefan möchte für seine wachsende Schreinerei eine kaufmännische Kraft einstellen. Zu ihrer Stelle sollen auch alle Tätigkeiten rund um die Buchführung gehören. Damit die Einarbeitung reibungslos funktioniert, erarbeitet er mit Katrin, der Beraterin in allen Steuerfragen, einen Arbeitsplan. Das Ergebnis sieht folgendermaßen aus:

Vorbereitung der Buchführung

1. **Ausgangsrechnungen** werden regelmäßig einmal pro Woche (jeden Montag) geschrieben und an die Kunden versendet. Die Kopien der Ausgangsrechnungen können in einem stapelbaren Briefkorb als Zwischenablage unsortiert bis zur Weiterverarbeitung abgelegt werden.
2. **Eingangsrechnungen** werden regelmäßig einmal pro Woche (jeden Dienstag) bezahlt. Dabei werden Skontoabzüge bzw. Zahlungsfristen besonders berücksichtigt. Die bezahlten Rechnungen werden mit einem Stempel „BEZAHLT–DATUM______“ versehen und geordnet nach dem „Bezahlt“-Datum in einem Pultordner (oder einem Briefkorb) abgelegt.
3. **Bank- oder Postgirobelege** werden nach Konten und Datum sortiert in einen Ordner hineingelegt, wenn sie im Unternehmen vorliegen (per Post zugesendet oder abgeholt).
4. **Kassenbelege** werden während des Monats in der Kasse aufbewahrt.

5. **Sonstige/monatlich einmalige Belege**, wie z.B. Lohn- und Gehaltslisten, Privatentnahmen etc. werden in einen Briefkorb bis zur Weiterverarbeitung abgelegt.

Da die eigentlichen Buchungen durch das Steuerberatungsbüro der Schreinerei erfolgen, müssen die Unterlagen in der ersten Woche jeden Monats für den Vormonat „zusammengepackt" und übergeben werden.

Die Unterlagen kommen in einen **Übergabeordner.**

Die Register des Übergabeordners lauten wie folgt:

- Kasse,
- Konto,
- Forderungen ungebucht – unbezahlt,
- Forderungen gebucht – unbezahlt.

Unter dem Register **„Kasse"** werden alle Kassenbelege nach Datum aufsteigend sortiert und das monatliche Kassenbuch mit allen Einnahmen und Ausgaben sowie dem aktuellen Kassenstand abgelegt. Katrin weist Stefan bei dieser Gelegenheit darauf hin, dass eine Kasse niemals ins Minus geraten darf – fasst man sie als Portemonnaie auf, erklärt sich warum.

Das Register **„Konto"** beinhaltet alle Kontoauszüge des laufenden Monats aufsteigend sortiert. Zu jeder Kontobewegung wird notiert, um welchen Zahlungsvorgang es sich handelt und der dazugehörige Beleg wird direkt hinter dem betreffenden Kontoauszug abgeheftet.

Beispiel:
Auf dem Kontoauszug erscheint: „Bar 1.000 DM". Handschriftlich wird direkt daneben ergänzt „Kasseneinlage" und hinter dem Kontoauszug wird der Eigenbeleg abgeheftet.
Die Register **„Forderungen ungebucht – unbezahlt"** und **„Forderungen gebucht – unbezahlt"** beinhalten alle aktuellen offenen Posten des Unternehmens, d.h., dort sind alle unbezahlten Kundenrechnungen abgelegt. Die gebuchten Forderungen stammen aus den Vormonaten und sind bereits in der Offene-Posten-Liste enthalten, die ungebuchten Forderungen sind datiert vom Vormonat und müssen noch erfasst werden.

Katrin empfiehlt zur Vereinfachung, offene Lieferantenrechnungen nur zum Jahreswechsel als Verbindlichkeiten zu erfassen. Im laufenden Jahr genügt eine direkte Erfassung der bereits bezahlten Lieferantenrechnungen.

Der Ordner kommt zur Verbuchung zum Steuerberater. Danach kommt der Ordner zur Ablage der Buchführungsbelege zurück ins Unternehmen.

Nach einem Vierteljahr berichtet Stefan, dass die Einarbeitung gut geklappt hat und sein Steuerberater begeistert von der guten Zuarbeit ist.

Buchführung mit Hilfe der elektronischen Datenverarbeitung

Die EDV unterstützt nicht nur die Organisation, mit ihrer Hilfe kann man auch wirtschaftlicher arbeiten.

Der Computer ist aus dem modernen Büroalltag nicht mehr wegzudenken. Auch Buchführungsarbeiten hilft er wirtschaftlicher zu gestalten.

Vorteile der EDV

Im Einzelnen unterstützt die elektronische Datenverarbeitung verschiedene Aufgabenbereiche:

- **Routineaufgaben der Buchführung übernimmt die EDV,**
- **logische inhaltliche Kontrollen durch die EDV helfen, Fehler zu vermeiden,**
- **Auswertungen, Statistiken und Plandaten können aus erfasstem Datenmaterial erstellt werden,**
- **betriebswirtschaftliche Auswertungen können regelmäßig (meist monatlich oder quartalsweise) abgefragt werden,**
- **Abschlüsse werden durch die EDV erstellt,**
- **die EDV bietet Anbindungsmöglichkeiten (Schnittstellen) an andere Programme, beispielsweise aus dem Bereich Controlling.**

Der Praxistipp

Achten Sie als EDV-Verwender darauf, dass Ihre Programme regelmäßig aktualisiert werden. Bei gesetzlichen Änderungen müssen Sie immer auf dem neusten Stand sein. Deshalb:
Rechtzeitig zum Geschäftsjahreswechsel neue Programmversionen besorgen und einspielen.

Die Vielzahl von Vorteilen der EDV-Anwendung sollte nicht darüber hinwegtäuschen, dass auch für die EDV-gestützte Buchführung ein fundiertes Grundwissen notwendig ist. Die Programme können zwar sinnvoll unterstützen, aber sie können keine inhaltliche Buchungstätigkeit übernehmen. Das Kontieren, also die Zuordnung von Geschäftsvorfällen zu bestimmten Konten, muss vor dem Erfassen der Vorgänge am Computer erfolgen.

Auch das professionellste EDV-Programm kann keine inhaltliche Buchungstätigkeit übernehmen. Deshalb muss der Anwender bzw. die Anwenderin über ein solides Buchführungsgrundwissen verfügen.

Für der Erfassung der Daten werden zwei verschieden arbeitende Softwarevarianten angeboten, die eine arbeitet mit der so genannten Dialog- und die andere mit der Stapelverarbeitung.

Dialogverfahren Arbeitet der Anwender im Dialogverfahren, geht unmittelbar jeder geschriebene Datensatz in die Buchführung ein. Eine Korrektur ist nur während des Erfassens möglich. Ist der Datensatz (hier: Buchungssatz) abgeschlossen, gibt es keine Korrekturmöglichkeiten mehr. Wie bei der manuellen Buchführung können Buchungsfehler nur noch durch eine ergänzende Stornobuchung behoben werden.

Stapelverfahren Die Buchung im Stapelverfahren funktioniert demgegenüber so, dass die einzelnen Datensätze „zwischengelagert“ werden. Sie können nochmals geprüft werden, bei bestehenden Fehlern kann man dann korrigierend eingreifen. Erst wenn der Anwender die Datensätze zur Verbuchung frei gibt, gehen sie in die Buchführung ein.

Beim Buchen im Stapelverfahren kann man immer noch einen Sicherheitscheck durchführen!

Die in der Buchführung notwendigen Abschlüsse und Auswertungen können dann in einem separaten Programmlauf erfolgen.

Programmbewertung

Zusatzfunktionen Gute Programme besitzen üblicherweise verschiedene Funktionen, die über die reinen Buchungen hinausreichen. Sie unterstützen die routinemäßig anfallenden Verwaltungstätigkeiten und helfen bei der Terminüberwachung.

Als unbedingt notwendige Zusatzfunktionen sind zu nennen:

Der Praxistipp

Wenn Sie Ihre Überweisungen von Ihrem Computer aus per BTX anweisen, sparen Sie Bankgebühren!

- Mahnwesen,
- Offene-Posten-Verwaltung,
- Druck und Buchung von Überweisungen und Schecks (Bankanbindung),
- USt-Voranmeldung,
- betriebswirtschaftliche Auswertungen.

Schnittstellen Bei der Wahl eines Buchführungsprogramms muss auch darauf geachtet werden, ob es durch Zusatzprogramme ergänzt werden kann, beispielsweise

Als „Fakturierung" bezeichnet man das Erstellen einer Rechnung.

- Fakturierung,
- Lagerbuchführung,
- Auftragsbearbeitung,
- Kostenrechnung,
- Lohn- und Gehaltsabrechnung,
- Anlagenbuchführung,
- statistische Auswertungen,
- Controlling-Instrumente.

Der Markt bietet eine Vielzahl an Buchführungsprogrammen an. **Wichtig ist, dass die Programme den Grundsätzen ordnungsmäßiger Buchführung bzw. den Grundsätzen ordnungsmäßiger Speicherbuchführung entsprechen.** Es werden Buchführungsprogramme angeboten, die daraufhin geprüft sind.

Der Praxistipp

Viele Software-Hersteller bieten kostenlos oder gegen eine geringe Schutzgebühr Demo-Versionen zum Test an.

Auf Anfrage kann man über Software-Anbieter auch Programmvorführungen bei anderen Anwendern vermittelt bekommen.

Bei der Anschaffung einer Software sollte man unbedingt darauf achten, dass sie benutzerfreundlich und erweiterbar ist. Auch wenn Ihnen heute mit einer einfachen Fakturierung gedient ist, so wollen Sie sicher nicht morgen mit wachsenden Aufgaben immer neue Programme einführen müssen.

Ein weiterer Aspekt bei der Auswahl eines Buchführungsprogramms sollte die Unterstützung durch den Anbieter sein. Gibt es beispielsweise eine telefonische Hotline, bei der man sich jederzeit Hilfestellung durch Fachleute holen kann?

Michael plant für seinen Textil-Großhandel die Anschaffung eines Buchführungsprogramms. Gemeinsam erarbeiten die Stammtischler einen Kriterienkatalog zur Erleichterung der Kaufentscheidung:

Die zur Auswahl stehenden Buchführungsprogramme sollten getestet werden im Hinblick auf

- Einhaltung von GoB und GoS,
- Leistungsfähigkeit,
- Benutzerfreundlichkeit und Benutzeroberfläche (Bedienerführung, Hilfefunktionen),
- Programmdokumentation (Handbuch),
- Programmpflege,
- Datenübertragung zwischen einzelnen Programmen,
- Programmierbarkeit,
- Kosten,
- Service und Unterstützung von Seiten des Herstellers.

Katrin gibt Michael noch einen Tipp: Von DATEV gibt es auch ein Buchführungs-Programm für die Mandanten von Steuerberatern. Damit kann die Zusammenarbeit zwischen dem Kunden und dem Steuerberater vereinfacht werden. Sie empfiehlt Michael, sich das Programm beim Steuerberater vorführen zu lassen.

Ein paar Stammtischrunden später erzählt Michael, dass er seine Buchführung jetzt völlig problemlos auf dem PC abwickelt und ganz begeistert ist. Mit Hilfe der aufgestellten Kriterien hat er für sein Unternehmen ein wirklich gutes Programm gefunden.

Aufgaben

1. Sie sind als kaufmännischer Angestellter eines Unternehmens mit sieben Mitarbeitern für die Organisation der Buchführung verantwortlich. Ihre Vorgesetzte bittet Sie um Gestaltungsvorschläge für die Zusammenarbeit mit dem Steuerberater. Welche Vorschläge haben Sie?

2. In der Buchführung eines Unternehmens werden immer mal wieder Ersatzbelege erstellt.
   - Wann ist es notwendig, einen Ersatzbeleg für die Buchführung zu erstellen?
   - Welche Möglichkeiten existieren für das Erstellen eines Ersatzbelegs?

3. Jeder einzelne Beleg in der Buchführung bildet die Datengrundlage für eine Vielzahl von Bearbeitungsvorgängen. Dieser Tatsache muss durch einen sorgfältigen Umgang mit den Belegen entsprochen werden. Beschreiben Sie die einzelnen Belegbearbeitungsschritte in der Buchführung.

4. Zu den Buchführungsunterlagen gehören neben den Belegen für Buchungen auch Handelsbücher, Inventare, Eröffnungsbilanzen, Jahresabschlüsse, Lageberichte sowie zu ihrem Verständnis erforderliche Arbeitsanweisungen und Organisationsunterlagen, ebenso wie empfangene Handelsbriefe und Kopien abgesandter Handelsbriefe. In welcher Form können die einzelnen Buchführungsunterlagen aufbewahrt werden?

5. Die Buchführung wird heute in den meisten Unternehmen mit Hilfe moderner EDV-Anlagen und -Programme durchgeführt. Der Anwender kann sich bei der Durchführung der Buchungen zwischen zwei Verarbeitungsverfahren entscheiden, der Dialog- und der Stapelverarbeitung. Was versteht man unter den Begriffen:
   - Dialogverfahren und
   - Stapelverfahren?

Lösungen finden sich auf Seite 184 f.

Grundlagen der Buchführung

Nachdem nun geklärt ist, was man unter Buchführung versteht und welche Schritte zur Organisation einer guten Buchführung notwendig sind, geht es jetzt an die eigentlichen Buchführungsthemen – sozusagen ans Eingemachte.

Wenn Sie dieses Grundlagenkapitel gelesen haben, dann werden Sie schon eine sehr gute Vorstellung davon haben, was Buchführung bedeutet, insbesondere für Sie und Ihr Unternehmen.

In den nachfolgenden Texten werden Ihnen einige Begriffe begegnen, die Sie entweder nicht kennen oder vielleicht nicht so genau erklären können, so beispielsweise:

- **Doppik** (der Begriff steht ehrlich nur für doppelte Buchführung),
- **Bücher,**
- **Inventur,**
- **Inventar,**
- **Bilanz,**
- **Konten und**
- **Kontenrahmen.**

Lassen Sie sich durch diesen Fachjargon, der nun einmal dazugehört, nicht abschrecken. Auch im Bereich Buchführung wird nur mit Wasser gekocht und mit ein bisschen Geduld ist der Zugang zu diesem Thema eigentlich gar nicht so schwierig. Dieses Kapitel erklärt Ihnen die Grundlagen und Fachbegriffe der Buchführung sowie abschließend einfache Buchungstechniken.

Mit diesem Wissen können Sie dann auf jeden Fall schon mal mitreden, z.B. bei Ihrem Steuerberater. Und wenn Sie dann noch Lust haben, sich tiefergehend mit den verbleibenden Kapiteln zu beschäftigen, haben Sie das wesentliche Handwerkszeug zusammen, um Ihre Buchführung selbst in die Hand zu nehmen.

Der Praxistipp

Wenn Sie nicht der Buchführungspflicht unterliegen (siehe dazu S. 19), können Sie eine einfache Einnahmenüberschussrechnung durchführen.

Sie erfüllt zwar nicht die Anforderungen an eine Mindestbuchführung, hat jedoch den Vorteil, dass lediglich Einnahmen und Ausgaben zu erfassen sind.

Alle Geschäftsvorfälle müssen fortlaufend aufgezeichnet werden. Dann gibt der Jahresabschluss zuverlässige Auskunft über den Erfolg des Unternehmens.

Mindestanforderungen an jede Buchführung

1. Alle Geschäftsvorfälle müssen fortlaufend erfasst werden.
2. Alle Forderungen und Verbindlichkeiten müssen – in einem so genannten Kontokorrentbuch – aufgezeichnet werden.
3. Es müssen jährliche Abschlüsse der Buchführung mit einer Bestandsaufnahme durchgeführt werden (vgl. die Abschnitte zu Inventur, Inventar und Bilanz).

Im Bereich der kaufmännischen Buchführung unterscheidet man grundsätzlich zwischen einfacher und doppelter Buchführung.

Einfache Buchführung

Die einfache Buchführung wird eigentlich nur in sehr kleinen Betrieben des Einzelhandels oder des Handwerks verwendet.

Merkmale der einfachen Buchführung

Die einfache Buchführung ist schnell und unkompliziert auszuführen. Sie läßt jedoch auch nur wenige Auswertungsmöglichkeiten zu und gibt keine Detailinformationen, z.B. über Raumkosten.

- Alle Geschäftsvorfälle werden nur zeitnah geordnet in einem Kassen- bzw. Tagebuch erfasst.
- Die Geschäftsvorfälle werden nicht sachlich gegliedert. Man hat also keine Übersicht über die Kfz-Kosten oder über alle Ausgaben für Bürobedarf.
- Es gibt nur Bestandskonten, keine Erfolgskonten (Erklärungen folgen!).
- Der Erfolg (Gewinn oder Verlust) des Unternehmens kann nur durch einen Vergleich des Betriebsvermögens jeweils am Anfang und am Ende des Geschäftsjahres ermittelt werden. Er ist mit folgender Gleichung zu ermitteln: Erfolg = Endkapital – Anfangskapital + Entnahmen – Einlagen.

Übrigens muss ein Geschäftsjahr nicht mit dem Kalenderjahr übereinstimmen, es kann z.B. auch vom 01.04. bis zum 31.03. gehen. Wichtig ist jedoch, dass es die Dauer von zwölf Monaten nicht übersteigt.

Doppelte Buchführung

Unternehmen, die der Buchführungspflicht unterliegen, verwenden in der Regel die doppelte Buchführung.

Die doppelte Buchführung hat sich im Wirtschaftsleben durchgesetzt. Man nennt sie kurz: Doppik.

Im Gegensatz zur einfachen Buchführung wird bei der doppelten Buchführung, kurz als Doppik bezeichnet, jeder Geschäftsvorfall mindestens zweimal erfasst bzw. gebucht. Die Erfassung erfolgt dabei auf so genannten Konten. Als Konto bezeichnet man die Zusammenfassung gleichartiger Geschäftsvorfälle auf einem Blatt in zeitlicher Reihenfolge.

(Wer sich schon jetzt genauer darüber informieren möchte, der mag weiterblättern bis auf S. 73.)

Hanna, deren Pläne zur Eröffnung ihres Teeladens immer konkreter werden, beschäftigt sich momentan mit der Theorie der Buchführung. Immer wieder stöhnt sie über Begriffe und Ausdrücke, die sie einfach nicht versteht. Heute fragt sie Katrin, was der folgende Satz denn bedeute:

Gleichartige Geschäftsvorfälle in zeitlicher Reihenfolge erfassen bzw. zusammenstellen.

Katrin erklärt es ihr mit Hilfe eines Beispiels:

Alle kleineren Gegenstände, die für das Büro des Teeladens gekauft werden, also der Locher, die Bleistifte, das Telefonregister oder der Quittungsblock, werden sortiert nach Rechnungsdatum in dem Konto **Aufwendungen Bürobedarf** erfasst.

Also die Rechnungen vom

1.	15.2.1998	Locher	12,70 DM
2.	17.2.1998	Quittungsblock und 500 Blatt Computerpapier	9,85 DM
3.	01.3.1998	10 Bleistifte	11,80 DM

Hanna ist verblüfft über den einfachen Sachverhalt, der in so einem Fachtext verborgen ist.

Merkmale der doppelten Buchführung

Die doppelte Buchführung gliedert die Geschäftsvorfälle sachlich und zeitlich, deshalb sind vielfältige betriebswirtschaftliche Auswertungen der Daten möglich.

- Bei jedem Geschäftsvorfall werden **mindestens zwei Konten** angesprochen, einmal im Soll und einmal im Haben (zu Soll und Haben später mehr).
- Alle Geschäftsvorfälle werden in **sachlicher Ordnung** (durch Kontenzuordnung) und **zeitlicher Ordnung** dargestellt (vgl. Hannas Problem beim letzten Stammtisch).
- Es ist auch eine **doppelte Gewinnermittlung** möglich. Das Betriebsvermögen vom Anfang und vom Ende des Geschäftsjahres kann verglichen werden und Aufwendungen und Erträge können einander am Geschäftsjahresende gegenüber gestellt werden.

Nur der Vollständigkeit halber (nicht zur Verwirrung!):

Es gibt auch noch die kameralistische Buchführung, die bevorzugt in der öffentlichen Verwaltung Anwendung findet. Dabei handelt es sich um ein besonderes System der Einnahmenüberschussrechnung, das mit einem festen Etat arbeitet und nur die Veränderung der Vermögensbestandteile nachweist. In den Verwaltungsbereichen zeichnet sich aber langsam ein Trend ab, ebenfalls mit den Methoden der freien Wirtschaft zu arbeiten – und das verändert auch die Buchführung.

Die doppelte Buchführung hat sich in der Praxis deshalb durchgesetzt, weil sie eine gute Übersicht über die finanziellen Wertgrößen der betrieblichen Abläufe ermöglicht.

Eine wesentliche Aufgabe der Buchführung ist die Information aller am Wirtschaftsprozess der Unternehmung Beteiligten. Die doppelte Buchführung erfüllt diese Aufgabe mit ihrem Aufbau und ihrer Funktionsweise am besten. Deshalb wird sie in der Praxis am häufigsten verwendet und deshalb betrifft alles, was in den folgenden Kapiteln aufgeführt wird, das System der doppelten Buchführung!

Bücher

Ursprünglich wurden alle Geschäftsvorfälle in fest gebundenen Büchern aufgezeichnet – und zwar in Klarschrift, also in einer Schrift, die ohne Hilfsmittel lesbar ist.

Heutzutage gibt es kaum eine Buchführung in dieser Form und wenn, ist sie schon bestaunenswert. Methodische Weiterentwicklungen und der technische Fortschritt haben einen Wandel bewirkt. Die Buchführung wird heute mit Hilfe von losen Blättern, Karteien, Magnetbändern, Magnetplatten, Disketten und Compact Discs durchgeführt, eben mit allem, was die Technik mittlerweile zur Verfügung stellt. Wie in allen von der EDV betroffenen Bereichen unterliegt auch die Buchführung in ihrer Ausführung einem andauernden Wandel.

Der Begriff „Bücher" ist aus der Geschichte der Buchführung erwachsen. Moderne „Bücher" bestehen aus losen Blättern, Karteien, Magnetbändern, Magnetplatten, Disketten oder auch Compact Discs.

Aber auch heute wird in der Buchführung der Begriff Bücher verwendet.

Egal, welche Form die Bücher haben, wichtig ist immer, dass Inhalt und Ausführung den Grundsätzen ordnungsmäßiger Buchführung entsprechen.

Bei den einzelnen Aufzeichnungsmethoden ist darauf zu achten, dass die buchhalterischen Inhalte, z.B. von Diskette oder Magnetband, innerhalb einer angemessenen Frist lesbar gemacht werden können. Für Prüfungszwecke muss die Ausdruckbereitschaft gewährleistet sein.

Bei der doppelten Buchführung werden die Geschäftsvorfälle in folgenden Büchern aufgezeichnet:

- Inventar- und Bilanzbuch,
- Grundbuch bzw. Journal,
- Hauptbuch,
- Neben- und Hilfsbücher.

Die einzelnen Bücher haben verschiedene Inhalte und Funktionen.

Der Praxistipp

Achten Sie darauf, dass
- Sie Buchführungsprogramme auch früherer Jahre bei Bedarf wieder einspielen können oder
- die Daten früherer Jahre mit der aktuellen Software gelesen werden können!

Inventar- und Bilanzbuch

Im Inventar- und Bilanzbuch werden die jährlichen Inventare und die Bilanzen festgehalten, also die Aufstellungen aller Vermögensgegenstände und Schulden des Unternehmens.

Grundbuch / Journal

Im Grundbuch (auch Journal oder Tagebuch genannt) werden alle Geschäftsvorfälle in zeitlicher Reihenfolge (chronologisch) anhand der anfallenden Belege aufgezeichnet.

Der Praxistipp

Eine zeitnahe Erfassung muss nicht täglich erfolgen. In der Praxis erfolgen die Aufzeichnungen monatlich.

Eine Ausnahme bildet der bare Zahlungsverkehr: Die Kasse muss täglich geführt werden.

Aufzuführen sind dabei:

- das Datum,
- die Belegnummer,
- die Bezeichnung des Vorgangs,
- der Betrag und
- gegebenenfalls auch die angesprochenen Konten.

Die Geschäftsvorfälle müssen grundsätzlich zeitnah und in ihrer zeitlichen Reihenfolge im Grundbuch erfasst werden.

Beispiel eines Grundbuchs (Journal):

JOURNAL	Monat/Jahr	GRUNDBUCH				Seite ....
Datum	Beleg Nr.	Bezeichnung des Vorgangs	Kontierung		Betrag	
01.10.	B. 120	Überweisung von Grün GmbH				2.000,00
02.10.	AR. 101	Honorarrechnung Kd. 53619				5.000,00
06.10.	B. 121	Barzahlung für Benzin				89,90
06.10.	B. 122	Barzahlung Bürobedarf				10,50
07.10.	AR. 102	1. Abschlag Kd. 53 622				7.500,00
08.10.	B. 123	Barzahlung Porto				120,00
...	...	...				...

Die Aufgaben der Grundbuchaufzeichnungen können auch durch eine geordnete und übersichtliche Belegablage erfüllt werden. Mit einer übersichtlichen Belegablage nach einem durchdachten System entsprechen Sie nicht nur dem Gesetz, Sie sparen sich auf Dauer auch viel Arbeit. Sie erleichtern sich die eigentliche Buchungstätigkeit und können bei Bedarf jederzeit einzelne Belege wieder auffinden.

§ 239 Abs. 4 HGB (siehe auch § 146 Abs. 5 AO) sagt:

Die Handelsbücher und die sonst erforderlichen Aufzeichnungen können auch in der geordneten Ablage von Belegen bestehen oder auf Datenträger geführt werden, so weit diese Formen der Buchführung einschließlich des dabei angewandten Verfahrens den Grundsätzen ordnungsmäßiger Buchführung entsprechen. (...)

§

Buchungen im Grundbuch Im Grundbuch finden sich neben der laufenden Erfassung der Geschäftsvorfälle, also den laufenden Buchungen, außerdem:

- die Eröffnungsbuchungen,
- die vorbereitenden Abschlussbuchungen,
- die Abschlussbuchungen.

(Nicht erschrecken! Im nachfolgenden Kapitel wird alles genau erklärt!)

Eine geordnete und übersichtliche Belegablage erspart viel Sucharbeit und genügt sogar den gesetzlichen Anforderungen an die Grundbuchführung.

Hanna, die sich immer noch fleißig mit Buchführungstheorie beschäftigt, hat sich mit Katrin über Grundbücher, Hauptbücher und Nebenbücher unterhalten. Stefan hakt ein und bemerkt: „Jeden Monat macht mein Steuerberater meine Buchführung. Ein paar Tage später erhalte ich die Unterlagen und Auswertungen dazu. Aber ein Journal oder Grundbuch ist mir dabei noch nicht begegnet! Ist meine Buchführung vielleicht nicht o.k.?“ Katrin lacht und meint: „Tja: Theorie und Praxis...“ Dann erzählt sie, dass Journale in den Steuerbüros durchaus noch erstellt werden. Aber dank moderner Techniken und vieler besserer Auswertungsmöglichkeiten der Buchführung verblasst ihre Bedeutung zusehends. Im Wesentlichen hat ihre Aufbewahrung noch rechtlichen Charakter. Konkret heißt das, die Journale liegen, verfilmt als Mikrofiche, in den Kellern der Steuerbüros und interessieren im Alltag kaum noch.

Hauptbuch

Im Hauptbuch werden alle Geschäftsvorfälle nochmals, sachlich gegliedert, auf so genannte Sachkonten gebucht.

Die sachliche Gliederung der Konten ermöglicht einen schnellen Überblick über einzelne betriebliche Positionen. Da sie außerdem zeitlich fortlaufend erfasst werden, ist dieser Überblick zudem stets aktuell.

Aufgabe dieser zusätzlichen Erfassung ist es, einen besseren Überblick zu schaffen. Durch die sachliche Gliederung der Aufzeichnungen kann man zum Beispiel alle Geschäftsvorfälle auf einen Blick betrachten, die den Fuhrpark einer Unternehmung betreffen.

Die Grundlage der Buchungen im Hauptbuch bilden die Eintragungen im Grundbuch. Für diese doppelte Erfassung der Geschäftsvorfälle gibt es verschiedene Verfahren.

Mögliche Verfahren der doppelten Buchführung:

- **Übertragungsbuchführung** Bei der Übertragungsbuchführung wird der Geschäftsvorfall zuerst im Grundbuch eingetragen und danach auf die entsprechenden Konten des Haupt- und Kontokorrentbuches übertragen. Jeder Geschäftsvorfall verursacht mindestens zwei Arbeitsgänge. Die Übertragungsbuchführung hat praktisch keine Bedeutung mehr, da sie viel zu zeitaufwendig und extrem fehleranfällig ist.
- **Durchschreibebuchführung** Bei der Durchschreibebuchführung ist für jede Buchung nur ein Arbeitsgang erforderlich, da bei der Erfassung im Hauptbuch gleichzeitig in das Grundbuch durchgeschrieben wird. Durch die gleichzeitige Eintragung werden Fehler vermieden, Arbeitszeit eingespart und die Bücher sind immer auf demselben Stand. Das Durchschreibeverfahren wird nur noch bei einer manuellen Buchführung angewandt.
- **EDV-gestützte Buchführung** Bei der Buchführung mit Hilfe der modernen EDV ist eine gleichzeitige Erfassung in mehreren Bücher bzw. Dateien kein Problem mehr. Diese Arbeit übernimmt der Computer. Die Vorzüge dieser Arbeitsmethode sind vielfältig. Sie reichen von einer hohen Verarbeitungsgeschwindigkeit über jederzeitigen Informationsabruf bis hin zur Weitergabe der Grunddaten in andere betriebswirtschaftliche Bereiche.

Der Einsatz eines Computers bei der Buchführung reduziert die Fehleranfälligkeit der Durchführung erheblich!

Der Zusammenhang zwischen Belegen, Grund- und Hauptbuch wird auf der nächsten Seite anschaulich dargestellt.

Belege:

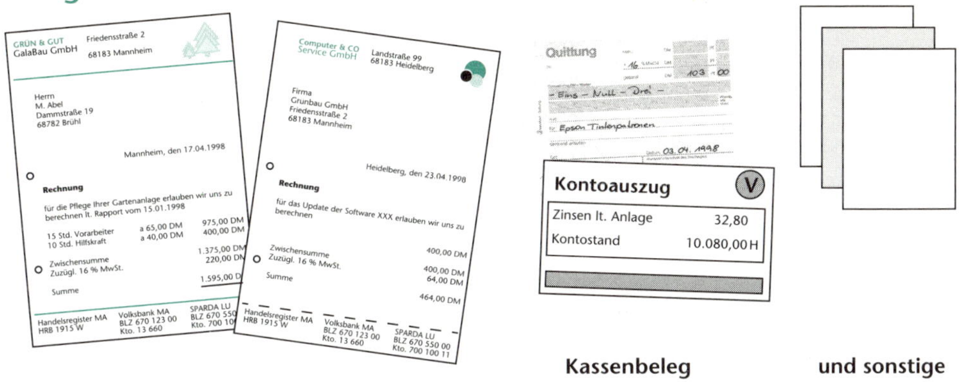

Ausgangsrechnung **Eingangsrechnung** **Kassenbeleg Kontoauszüge** **und sonstige Belege**

Grundbuch (Journal):

- Eröffnungsbuchungen
- laufende Buchungen
- vorbereitende Abschlussbuchungen
- Abschlussbuchungen

JOURNAL	Monat/Jahr	GRUNDBUCH				Seite ....
Datum	**Beleg Nr.**	**Bezeichnung des Vorgangs**	**Kontierung**			**Betrag**
03.04.98	B 06	totoo Bürobedarf				103,00
17.04.98	AR 04	M. Abel				1.595,00
23.04.98	ER 11	Computer & Co. – Update				464,00
23.04.98	B 07	Zinsen Konto ...				32,80
...	...	...				...

Hauptbuch:

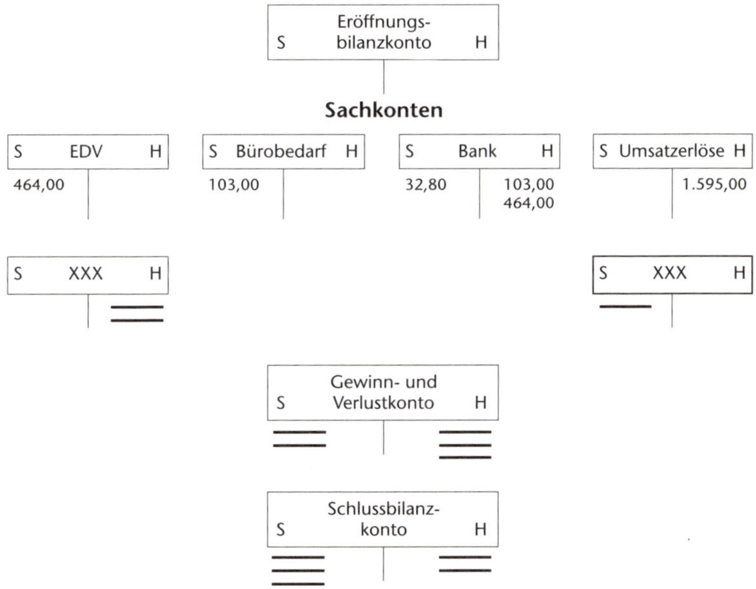

Neben- und Hilfsbücher

Um einen noch besseren Überblick zu erhalten und gezielte Einzelinformationen jederzeit abrufen zu können, besteht die Möglichkeit, Grund- und Hauptbuch durch Neben- und Hilfsbücher zu ergänzen. Beispiele sind:

- das **Kontokorrent- oder Geschäftsfreundebuch.** Darin werden alle Forderungen und Verbindlichkeiten gegenüber Geschäftsfreunden festgehalten und die Einhaltung von Zahlungsterminen sowie die Zahlungsbereitschaft überwacht. Weitere Beispiele sind
- die **Lohn- und Gehaltsbücher,**
- die **Anlagenbücher,**
- die **Lagerbücher,**
- die **Wertpapierbücher** und
- die **Wechselbücher.**

Der Praxistipp

Die Aufgabe des Kontokorrentbuches (Offene-Posten-Buchhaltung) kann auch durch eine geordnete Ablage der noch nicht bezahlten Ausgangsrechnungen erfüllt werden.

Inventur

Ein Kaufmann ist nach § 240 HGB (nachlesbar auf S. 64) und den §§ 140,141 AO verpflichtet, Vermögen und Schulden des Unternehmens zu bestimmten Zeitpunkten festzustellen, so

1. bei der Gründung oder der Übernahme eines Unternehmens,
2. am Schluss jedes Geschäftsjahrs und/oder
3. bei der Auflösung oder Veräußerung des Unternehmens.

Zur Inventur ist man gesetzlich verpflichtet. Inventur bedeutet: Bestandsaufnahme von Vermögen und Schulden – zu einem bestimmten Zeitpunkt und nach Art, Menge und Wert.

Die Tätigkeit der Bestandsaufnahme von Vermögen und Schulden nennt man Inventur. Bei der Inventur werden alle Vermögensteile und Schulden des Unternehmens zu einem bestimmten Zeitpunkt jeweils einzeln erfasst nach:

- ihrer Art (Bezeichnung),
- ihrer Menge (Stückzahl, Gewicht, Länge, usw.) und
- ihrem Wert (in DM zum Stichtag).

Eine Inventur muss mindestens einmal pro Geschäftsjahr durchgeführt werden. Nach Art ihrer Durchführung unterscheidet man zwischen der Buchinventur und der körperlichen Inventur.

Der Praxistipp

Es ist gängige Praxis, sich den aktuellen Stand der Forderungen bzw. Verbindlichkeiten am Stichtag von seinen Kunden und Lieferanten bestätigen zu lassen (Saldenbestätigung).

Dann kann man bei (gerichtlichen) Auseinandersetzungen nicht in Beweisnot geraten.

Buchinventur

Bei der Buchinventur werden alle (nichtkörperlichen) Gegenstände, z.B. Forderungen oder Schulden mit Hilfe von Belegen und buchhalterischen Aufzeichnungen erfasst.

Körperliche Inventur

Demgegenüber erfolgt bei der körperlichen Inventur die Bestandsaufnahme aller (körperlichen) Gegenstände durch Zählen, Messen, Wiegen oder manchmal auch durch Schätzen, z.B. bei der Aufnahme von Schrauben in einem großen Behälter.

Eine körperliche Bestandsaufnahme des beweglichen Anlagevermögens, also z.B. Maschinen oder Fahrzeuge, muss nicht durchgeführt werden, wenn ein Anlagenverzeichnis oder eine Anlagenkartei geführt wird. Im Anlageverzeichnis wird jeder Zu- und Abgang dieser Gegenstände erfasst. Die am Stichtag vorhandenen Gegenstände müssen also „auf dem Papier“ ermittelt werden können.

Ist das bewegliche Anlagevermögen in einer Kartei erfasst, kann man sich hier die Inventur ersparen. Die Gegenstände können dann aus den Aufzeichnungen abgeleitet werden.

Bei der körperlichen Bestandsaufnahme unterscheidet man nach dem Zeitpunkt ihrer Durchführung folgende Inventurverfahren:

- Stichtagsinventur (§ 240 Abs. 1 HGB /Abschn. 30 Abs. 1 EStR),
- permanente Inventur (§ 241 Abs. 2 HGB),
- zeitlich verlegte Inventur (§ 241 Abs. 3 HGB),
- Stichprobeninventur (§ 241 Abs. 1 HGB).

Stichtagsinventur Die Stichtagsinventur ist die körperliche Bestandsaufnahme für den Bilanzstichtag (z.B.

31.12.). Sie muss nicht am Bilanzstichtag vorgenommen werden.

Eine Stichtagsinventur ist immer mit sehr viel Arbeit verbunden, aber der Aufwand lohnt sich. Man erhält einen genauen Überblick über die Bestände.

Die Stichtagsinventur muss zeitnah sein, d.h. innerhalb von zehn Tagen vor oder nach dem Bilanzstichtag durchgeführt werden.

Die Bestandsveränderungen zwischen dem Zeitpunkt der Bestandsaufnahme und dem Bilanzstichtag müssen mit Hilfe von Belegen oder Aufzeichnungen berücksichtigt werden.

Der Nachteil der Stichtagsinventur ist der hohe Arbeitsaufwand innerhalb eines kurzen Zeitraums.

Inventurvereinfachungsverfahren Da die Bestandsaufnahme des Vorratsvermögens (d.h. Roh-, Hilfs- und Betriebsstoffe, Waren, unfertige und fertige Erzeugnisse) sehr aufwendig ist, erlaubt der Gesetzgeber so genannte Inventurvereinfachungsverfahren.

Der Praxistipp

Wenn Sie eine Stichtagsinventur durchführen müssen, kümmern Sie sich rechtzeitig um Aushilfskräfte, die den kurzfristig sehr hohen Arbeitsaufwand bewältigen können. Folgende Stellen vermitteln Aushilfskräfte:

- Ihr zuständiges Arbeitsamt,
- die Vermittlungsstellen für studentische Hilfskräfte (sind bei den Verwaltungen der nächstgelegenen Hochschulen zu erfragen),
- Aushänge an dafür vorgesehenen schwarzen Brettern (Hochschulen, Supermärkte oder auch Kindergärten, um Mütter im Erziehungsurlaub anzusprechen).

Bei der **permanenten Inventur** werden die Bestände des Vorratsvermögens mit Hilfe von Lagerbüchern oder Lagerkarteien geführt. Einmal pro Jahr, zu einem beliebigen Zeitpunkt, müssen die Bestände nach Art, Menge und Wert durch körperliche Bestandsaufnahme überprüft werden. Mit dem Einsatz moderner EDV kann dieses Verfahren rationell durchgeführt werden.

Die **zeitlich verlegte Inventur** kann drei Monate vor oder zwei Monate nach dem Abschlussstichtag vorgenommen werden. Der sich ergebende Gesamtwert des Bestandes wird dann wertmäßig (nicht mengenmäßig) auf den Abschlussstichtag fort- bzw. zurückgeschrieben.

Bei der **Stichprobeninventur** wird der Bestand der Vermögensgegenstände mit Hilfe anerkannter mathematisch-statistischer Methoden auf der Basis von Stichproben ermittelt. Mit Hilfe dieser Stichproben trifft man Aussagen über den Wert des gesamten Vorratsvermögens.

Inventurdurchführung

Die Inventurdurchführung bedarf einer sorgfältigen Planung, um sicherzustellen, dass alle Bestände erfasst werden, aber nichts doppelt aufgenommen wird. Hilfreich kann dabei das Erarbeiten von unternehmensinternen **Inventurrichtlinien** sein, die Angaben über die jeweils Verantwortlichen, über Aufnahmebereiche, -verfahren, -zeitpunkte und über Kontrollen beinhalten.

Die verschiedenen Inventurverfahren können im Interesse der Arbeitserleichterung nebeneinander eingesetzt werden.

Die verschiedenen Inventurverfahren können auch nebeneinander für die Erfassung verschiedener Vermögensgegenstände einer Unternehmung eingesetzt werden.

Das Ergebnis der Inventur wird in einem Inventar festgehalten.

Heute sind ausnahmsweise alle pünktlich am Stammtisch, nur Michael fehlt noch. Völlig abgehetzt kommt er mit einer Stunde Verspätung doch noch. Total geladen und ziemlich sauer erzählt er über den Ärger mit seinen Aushilfen, die bei der heute begonnenen Inventur in seinem Sporttextilien-Großhandel mithelfen. „Stellt Euch vor“, regt er sich auf, „man hat den Eindruck, die Aushilfen müssten jedes Produkt erst selbst herstellen, bevor sie es zählen. Es geht überhaupt nicht voran. Wenn das so weiter läuft, dann reichen die geplanten drei Arbeitstage nie aus!“ Michael sorgt sich nicht nur wegen der davonlaufenden Zeit, sondern auch, weil die Aushilfen einen vereinbarten Stundenlohn erhalten, d.h. je länger die Inventur dauert, desto höher werden seine Lohnkosten.

Julia hat während ihres Studiums in einem Einzelhandelsbetrieb bei der Inventur geholfen. „Dort“, so berichtet sie, „wurden die Helfer nicht nach Stunden, sondern nach Leistung bezahlt. Für bestimmte Warenposten, die gezählt werden mussten, gab es ein vereinbartes Leistungsentgelt. Die Leute waren immer recht schnell mit ihrer Arbeit fertig.“

Katrin ergänzt, dass sich dieser planerisch-organisatorische Aufwand zur Festsetzung eines Leistungsentgelts in der Vorbereitungsphase der Inventur wohl wirklich lohnt.

Michael kann zwar die laufenden Aushilfsverträge nicht mehr ändern, aber er nimmt sich vor, morgen mit den Aushilfen zu sprechen und ihnen für die laufende Inventur zum Abschluss einen Leistungsbonus in Aussicht zu stellen, falls die geplante Zeit doch noch ausreicht. Nächstes Jahr wird er die Inventur auf alle Fälle ganz anders organisieren.

Beim nächsten Stammtisch schildert Michael lächelnd, dass der Arbeitseifer seiner Inventuraushilfen an den folgenden zwei Tagen deutlich zugenommen hatte und dass er den zeitlichen Rahmen doch noch einhalten konnte.

Inventar

§

§ 240 HGB (Inventar)

Jeder Kaufmann hat zu Beginn seines Handelsgewerbes seine Grundstücke, seine Forderungen und Schulden, den Betrag seines baren Geldes sowie sonstige Vermögensgegenstände genau zu verzeichnen und dabei den Wert der einzelnen Vermögensgegenstände und Schulden anzugeben.

Er hat demnächst für den Schluss eines jeden Geschäftsjahrs ein solches Inventar aufzustellen. Die Dauer des Geschäftsjahres darf zwölf Monate nicht überschreiten. Die Aufstellung des Inventars ist innerhalb der einem ordnungsmäßigen Geschäftsgang entsprechenden Zeit zu bewirken.

Das Inventar ist ein Ergebnis der Inventur. Es ist ein Bestandsverzeichnis, in dem der Kaufmann alle Vermögensgegenstände und Vermögenswerte nach Art, Menge und Wert zu einem bestimmten Zeitpunkt festhalten muss.

Das Inventar, als Ergebnis der Inventur, ist ein Verzeichnis, in dem der Kaufmann alle Grundstücke, seine Forderungen und Schulden, den Betrag seines baren Geldes sowie sonstige Vermögensgegenstände genau nach Art, Menge und Wert zu einem bestimmten Zeitpunkt aufzuführen hat (Bestandsverzeichnis).

Gliederung des Inventars

A Vermögen	B Schulden	C Reinvermögen = Eigenkapital

Die einzelnen Inventarpositionen sind weiter untergliedert.

Aufbewahrungspflicht Das Inventar muss 10 Jahre aufbewahrt werden.

Vermögen

Das Vermögen wird nach seiner Flüssigkeit (Liquidität) geordnet. Die Liquidität ist das Maß dafür, wie schnell ein Vermögensbestandteil in Geld umgesetzt werden kann. Die langfristig genutzten Vermögensteile, also die weniger flüssigen, z.B. die Gebäude des Unternehmens, werden im Inventar zuerst aufgeführt; man spricht vom Anlagevermögen. Die flüssigsten Vermögensgegenstände, z.B. die Bank- und Postgiroguthaben, werden zuletzt aufgelistet, man spricht vom Umlaufvermögen.

Vermögenswerte und Schulden werden nach ihrer Liquidität bzw. Laufzeit, also nach dem Grad ihrer Umsetzbarkeit in Bargeld, weiter unterteilt.
Man unterscheidet zwischen Anlage- und Umlaufvermögen.

Schulden

Die Schulden sind ebenfalls nach den Laufzeiten sortiert. Die langfristigen Schulden, wie Hypotheken oder Darlehen, werden zuerst aufgeführt, die kurzfristigen Schulden, z.B. Überziehungskredite anschließend.

Eigenkapital

Zur Ermittlung des Eigenkapitals werden die Schulden vom Vermögen abgezogen. Die Differenz ist das Eigenkapital bzw. Reinvermögen des Unternehmens.

Vermögen – Schulden = Reinvermögen /Eigenkapital

Natürlich kann aus dieser Berechnung auch hervorgehen, dass das Unternehmen keinen Gewinn erwirtschaftet hat, sondern Verluste, und dass es rote Zahlen schreibt.

Im Einzelnen stehen folgende Positionen in einem Inventar:

Aufbau eines INVENTARS

A. Vermögen

I. Anlagevermögen

- Grundstücke,
- Gebäude,
- Maschinen und maschinelle Anlagen,
- Fahrzeuge,
- Werkzeuge,
- Betriebs- und Geschäftsausstattung.

II. Umlaufvermögen

- Roh-, Hilfs- und Betriebsstoffe,
- unfertige Erzeugnisse,
- Fertigerzeugnisse,
- Forderungen,
- Postgiro- und Bankguthaben,
- Bargeld.

B. Schulden

I. Langfristige Schulden

- Hypotheken,
- Darlehensschulden.

II. Kurzfristige Schulden

- Schulden aus Lieferungen und Leistungen,
- Bankschulden.
  (Also in der Regel solche, die innerhalb von 90 Tagen fällig werden.)

C. Ermittlung des Eigenkapitals (Reinvermögens)

	Summe des Vermögens (A.)
./.	Summe der Schulden (B.)
=	Eigenkapital (Reinvermögen)

Inventar der Grünbau GmbH, Mannheim zum 31.12.... .

Konto	Bezeichnung	DM	Geschäftsjahr DM Summe A.	Geschäftsjahr DM Summe B.	
A.	Vermögen				
I.	**Anlagevermögen**				
	Immaterielle Anlagen				
0135	EDV-Software		**5.150,00**		
	Sachanlagen				
0440	Maschinen	4.270,00			
0500	Betriebs-/Geschäftsausstg.	20.500,00			
0520	PKW	10.500,00			
0540	LKW	50.700,00			
0620	Werkzeuge	1,00			
0650	Büroeinrichtung	1.505,00			
			87.476,00		
II.	**Umlaufvermögen**				
	Vorräte				
1000	Roh-/Hilfs-/Betriebsstoffe	8.670,00			
1080	Unfertige Leistungen	150.000,00			
			158.670,00		
	Forderungen				
1200	Forderungen	110.200,50			
1420	Ust-Forderungen	150,00			
			110.350,50		
	Schecks, Kasse, Postgiro- und Bankguthaben				
1600	Kasse	1.212,20			
1800	Voba Mannheim	21.488,80			
1810	Sparda Mannheim	320,00			
			23.021,00		

Konto	Bezeichnung	DM	Geschäftsjahr DM Summe A.	Geschäftsjahr DM Summe B.	
B.	Schulden				
I.	**langfristige Schulden**				
3105	Anleihen Restlaufzeit > 1 Jahr	15.607,00			
				15.607,00	
II.	**kurzfristige Schulden**				
3310	Verbindlichkeiten: Lieferungen u. Leistungen	45.601,20			
3730	-: Lohn- und Kirchensteuer	5.412,70			
3740	-: Soziale Sicherheit	7.280,30			
				58.294,20	
C.	Ermittlung Eigenkapital				
	Summe Vermögen		384.667,50		
	Summe Schulden			73.901,20	
	= Eigenkapital				**310.766,30**

Julia hat beim heutigen Stammtisch das Inventar eines Gartenbauunternehmens dabei, mit dem sie öfter zusammenarbeitet. Jakob schaut sich das Inventar an und bittet: „Die Bezeichnung bzw. die Auflistung der einzelnen Positionen ist mir schon klar, aber erklärt mir doch mal kurz, was die einzelnen DM-Spalten aussagen. Warum hat die Position EDV-Software beispielsweise keinen Betrag in der nächsten Spalte?"

Katrin schaut sich das Inventar an und beginnt zu erklären:

„Also – in der ersten Spalte steht die Bezeichnung des entsprechenden Kontos der Buchführung, in der zweiten Spalte die Bezeichnung der Vermögens- oder Schuldenposition. In der dritten Spalte, welche die Überschrift 'DM' trägt, steht der aktuelle DM-Betrag der vorher aufgeführten Position. In der vierten Spalte

mit der Bezeichnung 'Geschäftsjahr DM – Summe A.' werden die einzelnen Blöcke des Vermögens summiert. Das sind bei diesem Beispiel beim Anlagevermögen die immateriellen Vermögensgegenstände mit 5.150 DM und die Sachanlagen mit 87.476 DM. In der Position 'EDV-Software' in der dritten Spalte ist nicht der aktuelle DM-Betrag ausgewiesen. Das liegt einfach nur daran, dass die Buchführungssoftware hier sozusagen spart. Da hier nur eine Unterposition vorhanden ist, wird einfach kein Einzelbetrag ausgewiesen.
In der fünften Spalte mit der Bezeichnung 'Geschäftsjahr DM – Summe B.' werden die einzelnen Blöcke der Schulden summiert. Unter der Position C. werden dann die einzelnen Summen des Vermögens, nämlich Spalte vier und die einzelnen Summen der Schulden in Spalte fünf, nochmals addiert. Und in Spalte sechs steht grundsätzlich immer nur ein Betrag, nämlich das Eigenkapital als Differenz zwischen Vermögen und Schulden!"

Jakob vollzieht Katrins Erklärung mit dem Taschenrechner nach und stellt fest, dass der komplizierte Eindruck des Inventars trügt und dass eigentlich alles recht einfach und logisch ist.

Bilanz

§ 242 Abs. 1 Satz 1 HGB (Pflicht zur Aufstellung) sagt:

Der Kaufmann hat zu Beginn seines Handelsgewerbes und für den Schluss eines jeden Geschäftsjahrs einen das Verhältnis seines Vermögens und seiner Schulden darstellenden Abschluss (Eröffnungsbilanz, Bilanz) aufzustellen.

§

„Schulden" heißen in der Bilanz „Verbindlichkeiten".

Nach § 242 Abs. 1 HGB muss jeder Vollkaufmann zu Beginn seines Handelsgewerbes und für den Schluss eines jeden Geschäftsjahrs außer dem Inventar noch eine weitere Übersicht erstellen: die Bilanz.

Die Bilanz wird aus dem Inventar heraus gebildet.

Lassen Sie sich nicht verwirren: An die Stelle des Wortes Schulden (Inventar) tritt in der Bilanz das Wort Verbindlichkeiten.

Vom Inventar zur Bilanz:

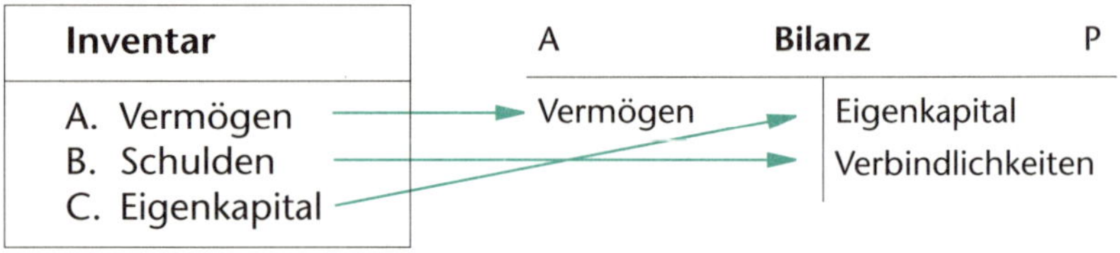

Wenn Sie Ihre Bilanz von Ihrem Steuerberater erstellen lassen, machen Sie rechtzeitig einen Termin zur Vorbesprechung mit ihm, denn viele seiner Mandanten werden den Jahresabschluss zur selben Zeit wie Sie machen.

Man kann die Bilanz als Kurzfassung des Inventars in Kontenform verstehen. Während im Inventar beispielsweise der gesamte Fuhrpark mit jedem einzelnen Fahrzeug aufgeführt wird, steht in der Bilanz nur in Kurzform der Überbegriff 'Betriebs- und Geschäftsausstattung'.

Weil sie einzelne Positionen zusammenfasst, ist die Bilanz übersichtlicher als das Inventar.

Beispiel der Zusammenfassung einer Position vom Inventar zur Bilanz:

Inventar Der Grünbau GmbH, Mannheim, zum 31.12.....		
...		
1.2 Betriebs- und Geschäftsausstattung		
1. LKW IVECO 7,5 to	35.000	
2. LKW MB 7,5 to	40.000	
3. Transporter Ford 2,8 to	18.000	
4. PKW VW Golf	27.000	**120.000**
2. Umlaufvermögen		
...		

Aktiva	**Bilanz zum 31. 12. 19..**	Passiva
I. Sachanlagen		
1. Grundstücke und Bauten	35.000	
2. Betriebs- u. Geschäftsausstattung	120.000	

Die Bilanz hat die Form eines Kontos. Ein Bilanzkonto hat zwei Seiten, die sich gegenüberstehen. Die beiden Seiten der Bilanz (ital. bilancia = Waage) weisen dabei immer die gleiche Summe aus, d.h. unter dem Strich steht auf der linken Seite derselbe Betrag wie rechts.

Aktiva	**Bilanz**	Passiva
Die linke Seite heißt in der Bilanz Aktivseite (Aktiva).		Die rechte Seite der Bilanz heißt Passivseite (Passiva).
Dort wird das		Dort werden das
Vermögen,		**Eigenkapital** und die **Verbindlichkeiten,**
also die Kapitalverwendung des Unternehmens aufgeführt.		also die Kapitalherkunft des Unternehmens aufgeführt.

Aus der Bilanz geht unmittelbar hervor, woher das Kapital kommt und wie es im Einzelnen angelegt ist. Während die Aktivseite Auskunft über die Verwendung des Kapitals (Mittelverwendung oder Investition) gibt, informiert die Passivseite über die Herkunft der finanziellen Mittel (Mittelherkunft oder Finanzierung).

Die Bilanzstruktur bildet also ganz deutlich den Vermögens- und Kapitalaufbau ab.

Aktiva	**Bilanz**	Passiva
Vermögensformen		**Kapitalquellen**
Wie ist das Kapital angelegt?		Woher stammt das Kapital?
Mittelverwendung = **INVESTITION**		Mittelherkunft = **FINANZIERUNG**

Eigenkapital Finanziert der Unternehmer das Vermögen aus eigenen Mitteln, spricht man von Eigenkapital.

Fremdkapital Stellen Dritte, beispielsweise Banken, die Mittel zur Anschaffung von Vermögensgegenständen zur Verfügung, spricht man von Fremdkapital.

Eigenkapital kommt von „innen", Fremdkapital wird von außerhalb des Unternehmens zur Verfügung gestellt.

Vorschriften zur Gliederung der Bilanz

Die Gliederung der Bilanz ist für Kapitalgesellschaften in § 266 HGB vorgeschrieben, weil der Gesetzgeber sicher stellen wollte, dass es eine wenigstens einigermaßen einheitliche Grundlage für die Überprüfbarkeit und Vergleichbarkeit von Unternehmen gibt. Diese Gliederung hat sich auch in anderen Zusammenhängen bewährt.

Bilanz

Aktiva — der Grünbau GmbH, Mannheim zum 31.12..... — Passiva

Aktiva		Passiva	
A. Vermögen		**B. Schulden**	
I. Anlagevermögen		I. langfristige Schulden	15.607,00
Immaterielle Vermögensgegenstände	5.150,00	II. kurzfristige Schulden	58.294,20
Sachanlagen	87.476,00		
II. Umlaufvermögen		**C. Eigenkapital**	310.766,30
Vorräte	158.670,00		
Forderungen	110.350,50		
Schecks, Kassenbestand, Postgiro- und Bankguthaben	23.021,00		
	384.667,50		384.667,50

Für Form und Inhalt einer Bilanz gibt es ebenfalls eine Reihe von Vorschriften:

- Die Bilanz ist nach den Grundsätzen ordnungsmäßiger Buchführung zu erstellen (§ 243 Abs. 1 HGB).
- Sie muss klar und übersichtlich sein (§ 243 Abs. 2 HGB).
- Sie muss innerhalb einer angemessenen Zeit aufgestellt werden (§ 243 Abs. 3 HGB).
- Sie muss in deutscher Sprache und in Deutschen Mark aufgestellt werden (§ 244 HGB). Mit Einführung des Euro wird der ECU die verwendete Währung (bei Bilanzerstellung) sein.
- Sie ist vom Kaufmann unter Angabe des Datums zu unterzeichnen (§ 245 HGB).

Der Praxistipp

Auch wenn der Gesetzgeber keinen konkreten Termin zur Erstellung des Jahresabschlusses festsetzt, achten Sie in Ihrem eigenen Interesse auf eine zügige Aufstellung.

Je schneller Sie die Auswertungen zum vergangenen Geschäftsjahr vorliegen haben, desto eher können Sie Ihre Konsequenzen daraus ziehen.

Buchhalternase Die freien Zeilen einer Bilanz werden üblicherweise mit einer Buchhalternase „durchgestrichen“, um den nachträglichen Eintrag weiterer Daten zu verhindern.

Konten

Um im Laufe eines Geschäftsjahres einen guten Überblick über die Geschäftsvorfälle zu behalten, werden die einzelnen Positionen der Bilanz in so genannte Konten (ital. conto = Rechnung) verteilt.

Für jeden Posten der Bilanz muß ein Konto angelegt werden, das die dazugehörigen Geschäftsvorfälle erfasst.

Ein Konto ist die Zusammenstellung gleichartiger Geschäftsvorfälle in zeitlicher Reihenfolge auf einem Blatt. Für jeden Posten der Bilanz wird mindestens ein Konto angelegt.

Für Schulungszwecke werden üblicherweise Konten verwenden, welche die Form eines großen T haben. Man nennt sie auch T-Konten.

Im Folgenden werden die T-Konten zum Erlernen der Buchungsvorgänge verwendet, da sie sehr übersichtlich sind und relativ einfach zu handhaben. In der Praxis, insbesondere bei Verwendung moderner EDV, kommen sie jedoch kaum zum Einsatz.

Der Praxistipp

Auch wenn die T-Konten in der Praxis keine Bedeutung mehr haben – benutzen Sie die T-Konten unbedingt als Lernhilfe. Vieles wird durch sie einfach LOGISCHER!

Nehmen Sie sich an dieser Stelle trotzdem die Zeit, sich mit T-Konten und ihrer Verwendung vertraut zu machen. Die Theorie der Buchführung wird verständlicher.

Beispiel eines T-Kontos:

Soll	**Kontenbezeichnung**	Haben

Genau wie die Bilanz, haben auch die einzelnen Konten zwei Seiten. Die linke Seite heißt Soll, die rechte Seite heißt Haben. Soll und Haben auf einem Konto sind zunächst einmal nur Platzhalter. Erst mit der Art des Kontos fällt ihnen eine bestimmte Bedeutung zu.

Keine Angst, Sie müssen an dieser Stelle noch nicht mit Soll und Haben umgehen können – das wird im folgenden Kapitel noch genau erklärt!

Links steht „Soll", rechts steht „Haben".

Bestandskonten

Entsprechend der Ableitung der Konten aus der Bilanz unterscheidet man zwei Kontenarten. Die Aktivkonten gehen aus den Beständen der Aktivseite der Bilanz hervor, die Passivkonten aus den Beständen der Passivseite der Bilanz. Man nennt sie deshalb auch Bestandskonten.

Auflösung der Bestandskonten aus der Bilanz:

Aktiva	**Bilanz**		Passiva
Gebäude	500.000 DM	Eigenkapital	197.000 DM
Maschinen	30.000 DM	Darlehen	350.000 DM
Forderungen	17.000 DM	Verbindlichkeiten	13.000 DM
Bank	12.500 DM		
Kasse	500 DM		
	560.000 DM		560.000 DM

Bestandskonten

S	**Gebäude**	H
AB	500.000 DM	

S	**Eigenkapital**	H
	AB	197.000 DM

S	**Maschinen**	H
AB	30.000 DM	

S	**Darlehen**	H
	AB	350.000 DM

S	**Forderungen**	H
AB	17.000 DM	

S	**Verbindlichkeiten**	H
	AB	13.000 DM

S	**Bank**	H
AB	12.500 DM	

S	**Kasse**	H
AB	500 DM	

Erfolgskonten

Neben den Bestandskonten gibt es so genannte Erfolgskonten. Sie sind Unterkonten des Kapitalkontos. Die Herstellung und der Absatz von Erzeugnissen und Dienstleistungen haben Einfluss auf den Erfolg (Gewinn oder Verlust) des Unternehmens. Dadurch verändert sich das Eigenkapital.

Begriffe:

Betrieb		**Steuer**
Kosten	=	**Aufwendungen**
Leistungen	=	**Ertrag / Erlös**

Kosten (betriebliche Aufwendungen) vermindern das Eigenkapital, Leistungen (betriebliche Erträge) erhöhen das Eigenkapital. Die Zusammenfassung aller Erfolgskonten wird in der Gewinn- und Verlustrechnung vorgenommen – nicht erschrecken, Erklärungen folgen.

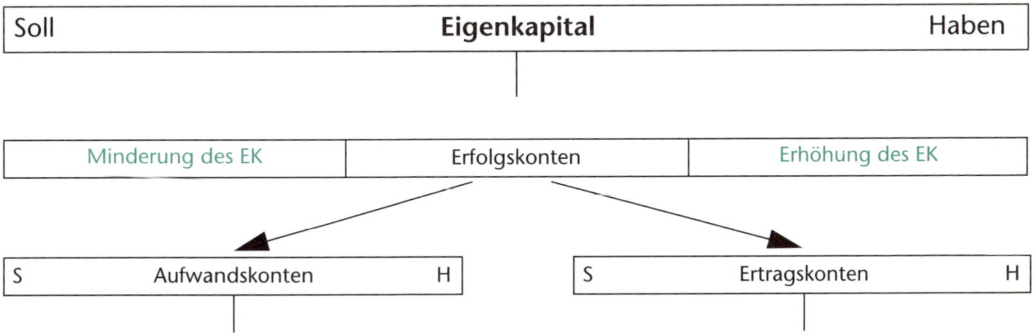

Kontenrahmen und Kontenplan

Ein Unternehmen benötigt sehr viele Konten, um alle vorkommenden Geschäftsvorfälle sinnvoll gliedern zu können. Damit man die vielen verwendeten Konten innerhalb eines Unternehmen leichter überblicken kann, werden sie systematisch geordnet. Man benutzt dazu den Kontenrahmen und den Kontenplan.

Um den Überblick über die vielen Konten nicht zu verlieren, werden sie anhand eines Kontenrahmens geordnet.

Kontenrahmen

Unter einem Kontenrahmen versteht man eine systematische Zusammenstellung verschiedener Konten und ihre Zusammenfassung in bestimmte Gruppen, die so genannten Kontenklassen.

Wer will, kann seinen Kontenrahmen selbst definieren. Sinnvoller ist es wohl, sich auf die gewachsene Erfahrung anderer Unternehmen zu verlassen.

Rechtlich gesehen kann jeder Kaufmann für seine Buchführung einen eigenen Kontenrahmen definieren. Der Kaufmann müsste sich dann zuerst überlegen, welche Geschäftsvorfälle im Verlauf eines Geschäftsjahres bei ihm anfallen. Als Nächstes müsste er darüber nachdenken, wie er diese Geschäftsvorfälle sortieren und bestimmten Konten zuordnen könnte. Für die Konten müssten passende Namen gefunden werden. Anschließend müssten die einzelnen Konten in bestimmte Gruppen zusammengefasst und für diese eine entsprechende Bezeichnung gefunden werden.

Wirtschaftsverbände, BDI und DATEV stellen standardisierte Kontenrahmen zur Verfügung. Die des BDI sind an Branchen orientiert, die DATEV-Rahmen an Unternehmensformen.

Damit nicht jedes Unternehmen diese Arbeiten immer wieder selbst durchführen muss und um eine gute Vergleichbarkeit der Unternehmensdaten, sowohl innerhalb der Unternehmung als auch nach außen hin zu erreichen, wurden beispielsweise von Wirtschaftsverbänden Standardkontenrahmen entwickelt.

Diese können von vielen Unternehmen eingesetzt werden.

Der BDI (Betriebswirtschaftlicher Ausschuss des Bundesverbandes der Deutschen Industrie) hat solche standardisierten Kontenrahmen entwickelt.

Wichtige branchenorientierte Kontenrahmen sind:

- **Gemeinschaftskontenrahmen der Industrie,**
- **Kontenrahmen für den Einzelhandel,**
- **Kontenrahmen für den Groß- und Außenhandel.**

Ihr Steuerberater wird Sie bei der Auswahl des für Ihren Betrieb angemessenen Kontenrahmens sicher gerne beraten.

Im Rahmen des verstärkten EDV-Einsatzes wurden von DATEV (Datenverarbeitungsorganisation der steuerberatenden Berufe in Deutschland) ebenfalls standardisierte Kontenrahmen entwickelt. Sie werden heute von vielen Unternehmen genutzt – ihre Systematik orientiert sich eher an den Unternehmensformen. Diese Kontenrahmen tragen zum Beispiel die Bezeichnung Spezialkontenrahmen (SKR) 03 und 04.

Einheitliche Kontenrahmen ermöglichen

- einen genauen Überblick über die geführten Konten des Unternehmens,

- Vergleiche verschiedener Rechnungsperioden eines Unternehmens (innerer Betriebsvergleich oder Zeitvergleich),
- Vergleiche des eigenen Unternehmens mit anderen Unternehmen des gleichen Wirtschaftszweigs (äußerer Betriebsvergleich) sowie
- die Vereinheitlichung und Vereinfachung der Buchungstexte durch die Verwendung von Kontonummern.

Kontenplan

Ein Kaufmann muss gut überlegen, welchen Kontenplan er in seinem Unternehmen benutzt, denn eine Veränderung bedeutet immer, dass die Vergleichbarkeit mit den vergangenen Geschäftsjahren sehr schwierig wird.

Aus dem gewählten Kontenrahmen entwickelt das einzelne Unternehmen seinen individuellen Kontenplan. Er wird den betriebseigenen Belangen angepasst, ohne die eigentliche Grundordnung zu verändern. Der Kontenplan enthält nur die im Unternehmen tatsächlich geführten Konten.

Ihr Kontenplan ist die individuelle Anpassung des Kontenrahmens an die Erfordernisse Ihres Unternehmens, d.h. die Gesamtheit der tatsächlich von Ihnen verwendeten Konten.

Vom standardisierten Kontenrahmen zum Kontenplan:

Auszug aus einem standardisierten Kontenrahmen

Sonstige betriebliche Aufwendungen	**Sonstige betriebliche Aufwendungen**	
	6300	Sonstige betriebliche Aufwendungen
	6305	Raumkosten
	6310	Miete
	6315	Pacht
	6320	Heizung
	6325	Gas, Strom, Wasser (Verwaltung, Vertrieb)
	6330	Reinigung
	6335	Instandhaltung betrieblicher Räume
	6340	Abgaben für betrieblich genutzten Grundbesitz
	6345	Sonstige Raumkosten
	6350	Sonst. Grundstücksaufwendungen
	6400	Versicherungen
	6420	Beiträge
	6430	Sonstige Abgaben
	6440	Ausgleichsabgabe i.S.d. Schwerbehindertengesetzes
	6450	Reparaturen und Instandhaltung von Bauten
	6460	Reparaturen und Instandhaltung v. technischen Anlagen u. Maschinen
	6470	Reparaturen und Instandhaltung von Betriebs- und Geschäftsausstattung
	6485	Reparaturen und Instandhaltung von anderen Anlagen
	6490	Sonstige Reparaturen u. Instandhalt.
	6500	Fahrzeugkosten

Anpassung

Auszug aus einem individuellen Kontenplan

Konten-nr.	Kontenbezeichnung (Klasse 6)
06140	Aufwendungen für Altersvorsorge
06310	Miete Heddesheim
06325	Gas, Strom, Wasser
06330	Reinigung
06335	Instandhaltung betrieblicher Räume
06390	Spenden
06400	Versicherungen
06420	Beiträge
06460	Reparatur/Instandh. Anlagen u. Maschinen
06500	Fahrzeugkosten
06530	Laufende Kfz-Betriebskosten
06550	Garagenmieten
06600	Werbekosten
06645	Nicht abzugsfähige Betriebsausgaben
06650	Reisekosten Arbeitnehmer
06660	Reisekosten 13,1 % an Verpfl.mehraufw.
06690	Km-Geld-Erstattung 8,7 % Vorsteuer
06702	Tagung Dresden
06740	Ausgangsfrachten

Kontenrahmen sind nach dem Zehnerprinzip aufgebaut und in Kontenklassen, Kontengruppen und Einzelkonten untergliedert. Die Reihenfolge der Kontenklassen orientiert sich entweder an den betrieblichen Abläufen oder an den für den Jahresabschluss erforderlichen Positionen. Welche Sie auswählen, das bleibt Ihnen überlassen.

Zwei sehr häufig verwendete Kontenrahmen sind der SKR 03 und SKR 04 von DATEV. Die DATEV-Kontenrahmen sind, wie alle anderen Kontenrahmen auch, nach dem Zehnersystem (dekadischen System) aufgebaut. Sie sind in Kontenklassen, Kontengruppen und Einzelkonten untergliedert.

Eine Übersicht über den DATEV-Kontenrahmen SKR 03 finden Sie im Anhang des Buches. Sie sollten sich diesen einmal in aller Ruhe anschauen.

Gliederung nach Betriebsablauf Beim Kontenrahmen SKR 03 entspricht die Reihenfolge der Kontenklassen den Betriebsabläufen. Man nennt dies Prozessgliederungsprinzip. Es ist das in der Praxis gängigste Gliederungsprinzip.

Gliederung nach Bilanz Beim SKR 04 orientiert sich die Gliederung des Kontenrahmens an der gesetzlich vorgeschriebenen Gliederung des Jahresabschlusses. Man spricht in diesem Fall vom Abschlussgliederungsprinzip.

Zusammenfassend kann man sagen:

- Der **Kontenrahmen** ist ein **generelles Ordnungsmittel** für die Konten der Buchführung für viele Unternehmen.
- Der **Kontenplan** ist ein **spezielles Ordnungsmittel** für die Konten der Buchführung einer Unternehmung.

Buchungstechnik

Nachdem die Grundlagen der Buchführung angesprochen wurden, wenden wir uns den eigentlichen Buchungsvorgängen zu. Im Folgenden wird dargestellt, was buchungstechnisch im Zusammenhang mit einzelnen Geschäftsvorfällen passiert.

Wir haben bereits besprochen, dass jeder Geschäftsvorfall die Bestände des Vermögens und/oder des Kapitals verändert. Damit die Bilanz nicht zu groß und unübersichtlich wird, werden die Bestandsveränderungen in der Praxis nicht direkt in der Bilanz festgehalten.

Zur Arbeitserleichterung und besseren Übersicht werden die Bestände zu Beginn des Geschäftsjahres auf einzelne Konten (Bestandskonten) übertragen und die Bestandsveränderungen auf diese Konten gebucht.

Jedem Geschäftsvorgang liegt ein Beleg zugrunde. Aus den einzelnen Geschäftsvorgängen bzw. den dazugehörigen Belegen wird ein Buchungssatz gebildet, der dann zu einer Buchung führt. Der Buchungssatz gibt in einfacher Form an, auf welche Konten ein Geschäftsvorfall zu buchen ist. Er gibt zuerst das Konto an, auf dem im Soll zu buchen ist, an zweiter Stelle steht das Konto, auf dem im Haben gebucht wird. Soll und Haben werden durch das Wort ‘an’ miteinander verbunden.

Buchungssätze werden aus einzelnen Geschäftsvorfällen und den dazugehörigen Belegen gebildet. Ein Buchungssatz gibt an, auf welche Konten ein Geschäftsvorfall zu buchen ist.

Als Grundsatz gilt dabei:

Keine Buchung ohne Gegenbuchung!

Buchungsbeispiel:

Geschäftsvorfall: Wir kaufen eine Maschine für 570 DM und bezahlen sie durch Banküberweisung.

Buchungssatz: Maschinen an Bank 570 DM

Buchung:

S	Maschinen	H
570,00 DM		

S	Bank	H
		570,00 DM

In der Praxis können Buchungssätze in so genannten Buchungslisten zusammen gefasst werden.

Einfache Buchungssätze sprechen jeweils nur ein Konto im Soll und ein Konto im Haben an.

Zusammengesetzte Buchungssätze sprechen bei einem Geschäftsvorfall mehrere Konten im Soll oder im Haben an.

Buchungsbeispiel:

Geschäftsvorfall: Wir kaufen ein Fahrzeug zum Preis von 20.000 DM. Wir bezahlen 15.000 DM durch Überweisung vom Postgirokonto und 5.000 DM durch Überweisung vom Bankkonto.

Buchungssatz:

Fahrzeuge an	Postgiro	15.000 DM
	Bank	5.000 DM

Buchung:

S	Fahrzeuge	H
20.000,00 DM		

S	Postgiro	H
		15.000,00 DM

S	Bank	H
		5.000,00 DM

Vom Geschäftsvorfall zur Buchung:

Geschäftsvorfall: Kauf eines Geschäftsfahrzeuges auf Ziel (d.h. die Rechnung muss beispielsweise innerhalb der nächsten 14 Tage bezahlt werden)

Beleg: Eingangsrechnung über ein Fahrzeug zum Preis von 24.000 DM

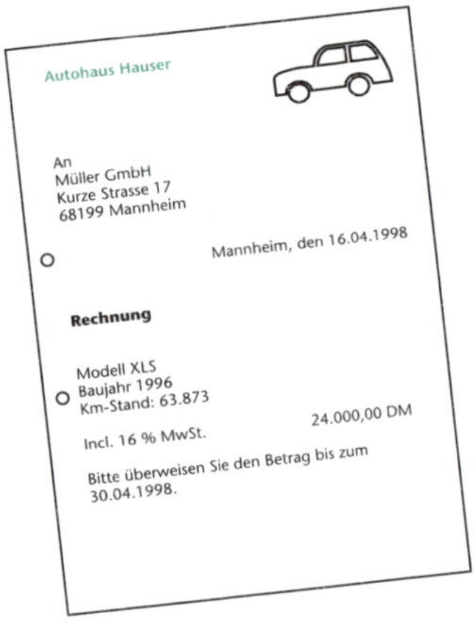
Autohaus Hauser

An
Müller GmbH
Kurze Strasse 17
68199 Mannheim

Mannheim, den 16.04.1998

Rechnung

Modell XLS
Baujahr 1996
Km-Stand: 63.873

24.000,00 DM

Incl. 16 % MwSt.

Bitte überweisen Sie den Betrag bis zum 30.04.1998.

Buchungssatz:

Fahrzeuge (Soll) an kurzfristige Verbindlichkeiten (Haben) 24.000 DM

Zielkauf von Auto XLS von Autohaus Hauser

Soll an Haben ... DM

Eintragung ins Grundbuch:

Fahrzeuge an kurzfrist. Verbindlichkeiten

24.000 DM

Zielkauf Auto XLS von Autohaus Hauser , 16.04.98

Belegnr. ER 5.

JOURNAL Monat/Jahr .... GRUNDBUCHSeite ....

Datum	Beleg Nr.	Bezeichnung des Vorgangs	Kontierung			Betrag
03.04.98	B 06	tatoo Bürobedarf				103,00
16.04.98	ER 10	Auto Hauser				24.000,00
17.04.98	AR 04	M. Abel				1.595,00
23.04.98	ER 11	Computer & Co. – Update				464,00
23.04.98	B 07	Zinsen Konto ...				32,80
...	...	...				...

Eintragung ins Hauptbuch:

Die Konten stellen das Hauptbuch dar.

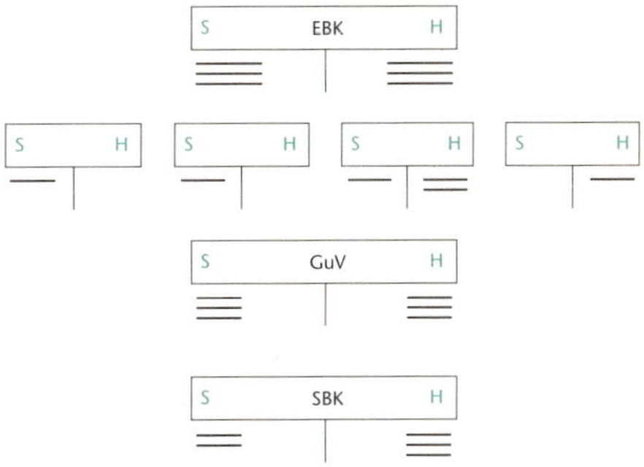

Aufgaben

1. Nennen Sie Merkmale der doppelten Buchführung.
2. Welche Form dürfen die Bücher der doppelten Buchführung haben?

   Nach welchen Kriterien müssen sie geführt werden?
3. Wo kann der Unternehmer sich informieren, wie hoch seine Aufwendungen für Versicherungen im letzten Monat waren?
4. Was wird bei einer Inventur erfasst?
5. Welche Möglichkeiten gibt es, eine Inventur zu vereinfachen?
6. Warum ist eine gute Planung vor Beginn einer Inventur notwendig?
7. Wie wird ein Inventar gegliedert?
8. Bei der Inventur zum 31.12. .... in einer Unternehmung wurden die in der abgebildeten Liste aufgeführten Werte ermittelt. Erstellen Sie daraus ein Inventar:

Forderungen a. LuL	54.890,70 DM
1 LKW IVECO	35.600,00 DM
Vorräte	1.766,90 DM
1 PKW Fiat	12.000,00 DM
Darlehen Voba	24.605,50 DM
Maschinen	10.987,55 DM
EDV-Software	1.270,00 DM
Kassenbestand	550,70 DM
Bankkonto Dresdner Bank	11.192,88 DM
Sonstige Betriebs- und Geschäftsausstattung	3.105,50 DM
Verbindlichkeiten a. LuL	28.769,00 DM

9. Erstellen Sie aus dem Inventar der Aufgabe 9 die Bilanz zum 31.12....
10. Welche Vorteile bietet die Verwendung eines Kontenrahmens?
11. Wie entwickelt der Kaufmann aus dem Kontenrahmen einen Kontenplan?
12. Für wen ist die Bilanzgliederung gesetzlich vorgeschrieben?

Die Lösungen zu diesen Aufgaben finden sich auf Seite 185.

Buchung von Geschäftsvorfällen

Nun kennen Sie schon die wichtigsten Fachbegriffe und das grundlegende Prinzip der Buchführung. Mit diesem Handwerkszeug können wir uns den grundlegenden Buchungen widmen. In den nun folgenden Abschnitten wird dargestellt, wie ein **Geschäftsjahr eröffnet** wird, wie **Bestands-** sowie **Erfolgskonten** geführt und abgeschlossen werden, um auch das **Geschäftsjahr abschließen** zu können.

Während eines Geschäftsjahres ereignen sich vielfältige Geschäftsvorfälle. Jetzt erfahren Sie, was dieser Geschäftsalltag für Ihre Buchführung bedeutet.

Buchhalterisches Geschäftsjahr

Vereinfacht dargestellt, verläuft das buchhalterische Geschäftsjahr von der Eröffnungsbilanz über die Bestandskonten zur Schlussbilanz wie folgt:

Eröffnungsbilanz Zuerst wird die Eröffnungsbilanz aufgestellt.

↓

Konteneröffnung Aus der Eröffnungsbilanz werden die Anfangsbestände mit Hilfe des Eröffnungsbilanzkontos auf Bestandskonten (Aktiv- und Passivkonten) vortragen.

↓

Buchung Dann können die Geschäftsvorfälle gebucht werden (Bestands- und Erfolgskonten).

↓

Kontenabschluss Zum Geschäftsjahresende werden

- zuerst die Erfolgskonten abgeschlossen, dann
- die Schlussbestände auf den Bestandskonten ermittelt und anschließend
- die Konten über das Schlussbilanzkonto abgeschlossen.

↓

Schlussbilanz Zuletzt wird die Schlussbilanz aufgestellt.

Das Eröffnungsbilanzkonto – Eröffnungsbuchungen

1. Schritt: Bilanz auflösen in Bestandkonten.

Mit der Eröffnungsbilanz bzw. den Eröffnungsbuchungen beginnt das Geschäftsjahr. Zu Beginn eines Geschäftsjahres löst man die Bilanz des Unternehmens in viele verschiedene Bestandskonten auf, d.h.: Gibt es in der Bilanz eine Position 'Maschinen 5.600 DM', dann wird ein Konto 'Maschinen' angelegt, das einen Anfangsbestand von 5.600 DM hat, für eine Position 'Fuhrpark 15.500 DM' wird ein Konto 'Fuhrpark', mit einem Anfangsbestand von 15.500 DM angelegt. Und wenn ein Betrieb z.B. Verbindlichkeiten in Höhe von 10.000 DM bei einem Lieferanten hatte, dann muß ein Konto 'Verbindlichkeiten' angelegt werden, auf dem ein Anfangsbestand von 10.000 DM auszuweisen ist.

Bei der doppelten Buchführung gilt bekanntlich das Prinzip

keine Buchung ohne Gegenbuchung.

2. Schritt: Eröffnungsbilanzkonto einrichten.

Um dieses Prinzip nicht gleich bei der ersten sich bietenden Gelegenheit auszuhebeln bzw. zu vernachlässigen bedient man sich bei der Eröffnung der Bestandskonten eines kleinen Tricks. Man richtet ein Eröffnungsbilanzkonto (EBK) ein.

Für den Anfangsbestand (AB), der aus der Bilanz in die Bestandskonten übertragen wird, erfolgt die Gegenbuchung auf dem Eröffnungsbilanzkonto.

Der Praxistipp

Das Eröffnungsbilanzkonto ist nur ein Hilfsmittel, um das Prinzip der doppelten Buchführung nicht schon zu durchbrechen, bevor man eigentlich richtig damit begonnen hat. Der geübte Buchhalter kann auf dieses Konto verzichten!

Das Eröffnungsbilanzkonto ist also ein Hilfs- oder Gegenkonto, dessen einzige Bestimmung ist, die Gegenbuchungen für die Eröffnungsbuchungen zu ermöglichen.

Die Bestände der linken Seite der Bilanz (Aktivseite) werden grundsätzlich auf der linken Seite der Bestandskonten (Soll) als Anfangsbestand eröffnet.

Die Gegenbuchung erfolgt dann auf dem Eröffnungsbilanzkonto im Haben. Der Buchungssatz zur Eröffnung der Aktivkonten lautet:

Aktivkonto an Eröffnungsbilanzkonto.

Die Bestände der rechten Seite der Bilanz (Passivseite) werden grundsätzlich auf der rechten Seite der Bestandskonten (Haben) als Anfangsbestand eröffnet. Die Gegenbuchung erfolgt dann auf dem Eröffnungsbilanzkonto im Soll. Der Buchungssatz zur Eröffnung der Passivkonten lautet:

Linke Seite Bilanz = linke Seite Bestandskonto, rechte Seite Bilanz = rechte Seite Bestandskonto.

Eröffnungsbilanzkonto an Passivkonto.

In der Praxis, insbesondere beim Einsatz moderner Buchhaltungsprogramme, besteht die Möglichkeit, eine Eröffnungsbuchung durch einen so genannten Saldenvortrag zu ersetzen. Die EDV-Programme benutzen dann programmintern so genannte Saldenvortragskonten. (DATEV: „9000 Saldenvorträge, Sachkonten"). Diese entsprechen inhaltlich dem Eröffnungsbilanzkonto.

Buchungsbeispiel:

Geschäftsvorfall: Eröffnung der Bestandskonten aus der Bilanz einer Unternehmung mit Hilfe des Eröffnungsbilanzkontos.

Buchungssätze:

Eröffnungs-buchungen:

Soll	an Haben	Betrag in DM
Gebäude	EBK	500.000
Maschinen	EBK	30.000
Forderungen	EBK	17.000
Bank	EBK	12.500
Kasse	EBK	500
EBK	Eigenkapital	197.000
EBK	Darlehen	350.000
EBK	Verbindlichkeiten	13.000

Aktiva	**Bilanz**		Passiva
Gebäude	500.000 DM	Eigenkapital	197.000 DM
Maschinen	30.000 DM	Darlehen	350.000 DM
Forderungen	17.000 DM	Verbindlichkeiten	13.000 DM
Bank	12.500 DM		
Kasse	500 DM		
	560.000 DM		560.000 DM

Soll	**Eröffnungsbilanzkonto**		Haben
Eigenkapital	197.000 DM	Gebäude	500.000 DM
Darlehen	350.000 DM	Maschinen	30.000 DM
Verbindlichkeiten	13.000 DM	Forderungen	17.000 DM
		Bank	12.500 DM
		Kasse	500 DM
	560.000 DM		560.000 DM

S	**Gebäude**		H
AB	500.000 DM		

S	**Eigenkapital**		H
		AB	197.000 DM

S	**Maschinen**		H
AB	30.000 DM		

S	**Darlehen**		H
		AB	350.000 DM

S	**Forderungen**		H
AB	17.000 DM		

S	**Verbindlichkeiten**		H
		AB	13.000 DM

S	**Bank**		H
AB	12.500 DM		

S	**Kasse**		H
AB	500 DM		

Zusammengefasst gilt:

- **Die Bestände der Aktivseite der Bilanz werden bei den Aktivkonten im Soll gebucht.**
- **Die Bestände der Passivseite der Bilanz werden bei den Passivkonten im Haben gebucht.**
- **Jede Eröffnungsbuchung wird auf dem Eröffnungsbilanzkonto gegengebucht.**
- **Das Eröffnungsbilanzkonto ist das Spiegelbild der Eröffnungsbilanz.**

Das Eröffnungsbilanzkonto ist die gespiegelte Eröffnungsbilanz.

Buchen auf Bestandskonten

Wenn alle Eröffnungsbuchungen erfolgt sind, kann man sich den laufenden Geschäftsvorfällen zuwenden, d.h. die laufenden Buchungen werden erst durchgeführt, nachdem die Anfangsbestände in den Bestandskonten vorgetragen wurden.

Erst wenn alle Konten eröffnet sind, kann man mit den Buchungen der Geschäftsvorfälle beginnen!

Jeder jetzt folgenden Buchung muss ein Beleg zugrunde liegen. Denn:

Keine Buchung ohne Beleg!

Es werden bei jeder Buchung mindestens zwei Konten angesprochen, jeweils ein Konto im Soll und ein Konto im Haben.

Durch jeden Geschäftsvorfall werden die Bestände der Konten verändert. Dabei muss grundsätzlich unterschieden werden, ob es sich um

- Bestandsveränderungen der Aktivkonten oder um
- Bestandsveränderungen der Passivkonten

handelt.

Jeder Geschäftsvorfall wirkt sich auf die Bestände der Konten aus. Dabei ist zu unterscheiden, ob die Buchungen das Vermögen (Aktiva) oder die Finanzierung (Passiva) des Betriebes betreffen.

Buchungen auf Aktivkonten

Für Buchungen auf Aktivkonten, also z.B. Gebäude, Maschinen, Büroausstattung, Material, geleistete Anzahlungen, Kasse, Bank oder Forderungen gilt:

Der Praxistipp

Leicht gemerkt:
Beträge, die auf dem Auszug Ihres Girokontos im Haben erfasst werden, müssen auf Ihrem Bestandskonto „Bank" in Ihrer Buchführung als Soll gebucht werden.

- Alle **Erhöhungen** des Bestandes müssen Sie auf der **Soll-Seite** (= Seite des Anfangsbestandes) verbuchen! Das Vermögen wird dadurch erhöht.
- Alle **Minderungen** des Bestandes müssen Sie auf der **Haben-Seite** verbuchen! Das Vermögen wird dadurch reduziert.

Soll	**Aktivkonto** z.B. Bank, Kasse, Fuhrpark, Maschinen	Haben
AB **Erhöhungen** buchen		**Minderungen** buchen

Buchungen auf Passivkonten

Bestandserhöhungen erfolgen bei Aktivkonten im Soll, bei Passivkonten im Haben!

Für Buchungen auf Passivkonten, also z.B. Verbindlichkeiten aus Lieferungen und Leistungen (LuL) oder langfristige Verbindlichkeiten gilt:

- Alle **Erhöhungen** des Bestandes auf der **Haben-Seite** (= Seite des Anfangsbestands) verbuchen!
- Alle **Minderungen** des Bestandes auf der **Soll-Seite** verbuchen!

Soll	**Passivkonto** z.B. Verbindlichkeiten, LuL, Hypotheken, Darlehen	Haben
Minderungen buchen		AB **Erhöhungen** buchen

Buchungssätze richtig formulieren

Um sich vor jeder Buchung zu verdeutlichen, wie der Buchungssatz richtig heißt, ist es sinnvoll, sich an den folgenden Fragen zu orientieren:

Leitfragen zur Formulierung von Buchungssätzen.

1. Welche Konten spricht der vorliegende Geschäftsvorfall an?
2. Handelt es sich bei den entsprechenden Konten um Aktiv- oder Passivkonten?
3. Liegt auf dem jeweils angesprochenen Konto eine Minderung oder eine Erhöhung vor?
4. Wird also die linke Seite (Soll) oder die rechte Seite (Haben) des jeweiligen Kontos angesprochen?

Stefan hat heute die Buchführung für den letzten Monat gemacht. Er erzählt: „Jetzt habe ich ja schon ein paar Mal meine Buchführung alleine gemacht. Aber heute ist mir ein blöder Fehler unterlaufen. Bei der Erfassung meiner Ausgangsrechnungen habe ich Soll und Haben verwechselt, d.h. statt Rechnungen habe ich sozusagen lauter Gutschriften gebucht. Normalerweise mache ich das ja richtig, aber heute war ich wohl schon etwas müde und prompt war alles falsch. Ich kann mir einfach nie merken, was ich im Soll und was im Haben buchen muss."

Hanna berichtet, dass ihr Lehrer behauptet, mit dem Buchen sei es wie mit dem kleinen und dem großen Einmaleins, man muss am Anfang eben üben, üben, üben.

Und Katrin ergänzt: „Klar, dass man die Grundlagen der Buchführung mit viel Übung ganz gut in den Griff bekommt. Man kann aber auch mit einem kleinen Trick und etwas Logik an die Sache gehen. Zuerst prägt man sich die Grundstruktur einer einfachen Bilanz ein. Oder man legt eine ganz einfache schematisierte Bilanz vor sich auf den Tisch. Und dann ist eigentlich alles ganz klar:

Zuerst schaut man, auf welcher Seite der Bilanz die Position steht, die mit der Buchung angesprochen wird. Das ist dann gleichzeitig die Seite, auf der in dem entsprechenden Sachkonto der Anfangsbestand steht. Und egal um welches Konto es sich handelt, dort wo der Anfangsbestand steht, wird auch immer die Erhöhung gebucht, bzw. auf der anderen Seite eben eine Minderung des Bestands! Wenn du also eine Maschine kaufst, kannst du dir folgendes klar machen:"

Kurz skizziert sie:

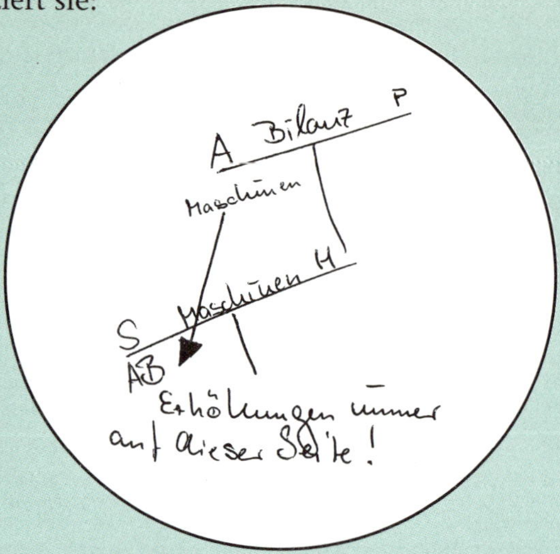

Die anderen schauen sich die Skizze an und stimmen Katrin zu. „Das ist wirklich kein Hexenwerk, man muss nur den Anfang, also die Bilanz kennen, den Rest kann man dann herleiten!", bestätigt Stefan. „Das nächste Mal passiert mir so ein Fehler nicht mehr!"

Buchungsbeispiel:

Geschäftsvorfall: Es wird eine Maschine für 890 DM im Baumarkt gekauft und sofort per Elektronic Cash vom Firmenkonto bezahlt.

Prüfen Sie:

1. Welche Konten spricht der vorliegende Geschäftsvorfall an?

   Antwort:
   Konto 'Maschinen' und Konto 'Bank'.

2. Handelt es sich bei den entsprechenden Konten um Aktiv- oder Passivkonten?

   Antwort:
   'Maschinen': Aktivkonto,
   'Bank': Aktivkonto.

3. Liegt auf dem jeweils angesprochenen Konto eine Minderung oder eine Erhöhung vor?

Antwort:
Aktivkonto 'Maschinen': Erhöhung,
Aktivkonto 'Bank': Minderung.

4. Wird also die linke Seite (Soll) oder die rechte Seite (Haben) des jeweiligen Kontos angesprochen?

Antwort:
Aktivkonto 'Maschinen': **Soll,**
Aktivkonto 'Bank': **Haben.**

Buchungssatz: Maschinen an Bank 890 DM
Buchung:

S	Maschinen	H
890 DM		

S	Bank	H
		890 DM

Buchungsbeispiel:

Geschäftsvorfall: Es wird eine Rechnung über 3.500 DM an einen Lieferanten überwiesen.

Prüfen Sie:

1. Welche Konten spricht der vorliegende Geschäftsvorfall an?

Antwort: Konto 'Verbindlichkeiten' und Konto 'Bank'.

2. Handelt es sich bei den entsprechenden Konten um Aktiv- oder Passivkonten?

Antwort:
'Verbindlichkeiten': Passivkonto,
'Bank': Aktivkonto.

3. Liegt auf dem jeweils angesprochenen Konto eine Minderung oder eine Erhöhung vor?

Antwort:
Passivkonto 'Verbindlichkeiten': Minderung,
Aktivkonto 'Bank': Minderung.

4. Wird also die linke Seite (Soll) oder die rechte Seite (Haben) des jeweiligen Kontos angesprochen?

Antwort:
Aktivkonto 'Verbindlichkeiten': **Soll,**
Aktivkonto 'Bank': **Haben.**

Buchungssatz: Verbindlichkeiten an Bank 3.500 DM
Buchung:

S	Verbindlichkeiten H
3.500 DM	

S	Bank H
	3.500 DM

Wenn man ungeübt ist, dann kann eine derartige Systematik beim Buchen ungemein hilfreich sein. Sie wirkt wie eine klassische Eselsbrücke und hilft dabei, nichts zu übersehen. Mit der entsprechenden Übung werden Soll und Haben dann auch ohne Herleitung richtig gewählt.

Das Schlussbilanzkonto – Schlussbuchungen

Wenn alle Geschäftsvorfälle des laufenden Geschäftsjahres gebucht sind, werden die Bestandskonten abgeschlossen. Für den Abschluss eines Bestandskontos muss man folgende Schritte durchführen:

1. Zuerst wird die Summe der wertmäßig größeren Kontoseite gebildet. Sieht man auf den ersten Blick nicht, welches die größere Seite ist, müssen beide Seiten addiert und miteinander verglichen werden.
2. Die Summe der wertmäßig größeren Kontoseite wird auf der anderen Kontoseite eingetragen.
3. Dann wird die Differenz (Saldo) zur kleineren Kontoseite berechnet und eingetragen.
4. Mit dem eingetragenen Saldo hat man den Schlussbestand (SB) des Bestandskontos am Abschlussstichtag errechnet.
5. Der Schlussbestand wird dann auf dem Schlussbilanzkonto gegengebucht.

Die Differenz zwischen den Summen der beiden Kontoseiten nennt man Saldo. Der Saldo ist der Schlussbestand des Bestandkontos.

Abschluss eines Bestandskontos:

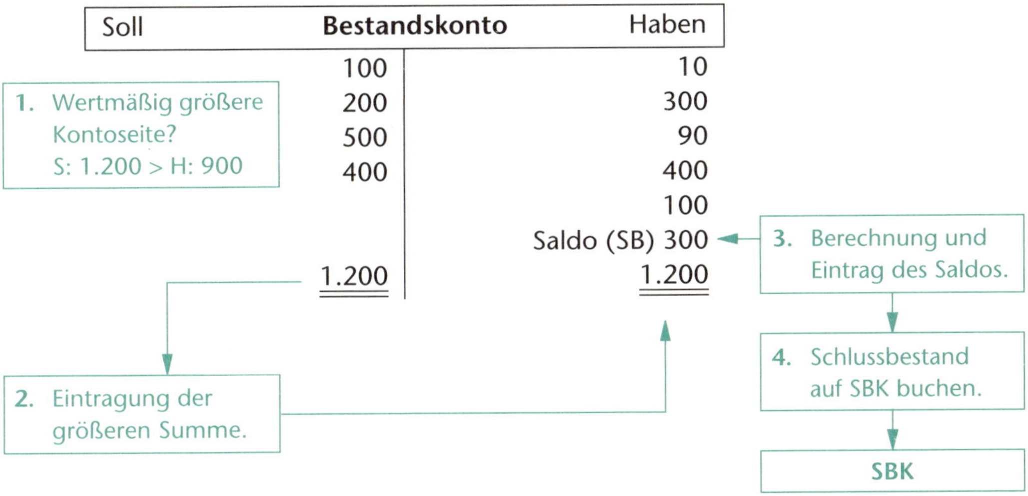

Buchungsbeispiel:

I. Eröffnungsbuchungen:
(wie im vorherigen Buchungsbeispiel!)

Geschäftsvorfall: Eröffnung der Bestandskonten aus der Bilanz einer Unternehmung mit Hilfe des Eröffnungsbilanzkontos.

Buchungssätze:

Eröffnungs-buchungen:

Soll	an Haben	Betrag in DM
Gebäude	EBK	500.000
Maschinen	EBK	30.000
Forderungen	EBK	17.000
Bank	EBK	12.500
Kasse	EBK	500
EBK	Eigenkapital	197.000
EBK	Darlehen	350.000
EBK	Verbindlichkeiten	13.000

II. Laufende Buchungen:

Geschäftsvorfälle:

1. Eine Kunde bezahlt seine Rechnung per Bankanweisung über 5.000 DM.
2. Wir heben 1.500 DM von unserem Bankkonto ab und legen das Geld in die Kasse.
3. Wir bezahlen eine Liefererrechnung über 2.500 DM per Banküberweisung.
4. Wir kaufen eine Maschine auf Ziel (d.h. der Rechnungsbetrag wird erst in 14 Tagen fällig) zum Preis von 5.000 DM.

Buchungssätze:

	Soll	an Haben	Betrag in DM
Buchungssatz 1:	Bank	Forderungen	5.000
Buchungssatz 2:	Kasse	Bank	500
Buchungssatz 3:	Verbindlichkeiten	Bank	2.500
Buchungssatz 4:	Maschinen	Verbindlichkeiten	5.000

III. Abschluss der Bestandskonten über das Schlussbilanzkonto

Buchungssätze:

Schlussbuchungen:

Soll	an Haben	Betrag in DM
SBK	Gebäude	500.000
SBK	Maschinen	35.000
SBK	Forderungen	12.000
SBK	Bank	13.500
SBK	Kasse	2.000
Eigenkapital	SBK	197.000
Darlehen	SBK	350.000
Verbindlichkeiten	SBK	15.500

Soll		Eröffnungsbilanzkonto (EBK)	Haben
Eigenkapital	197.000 DM	Gebäude	500.000 DM
Darlehen	350.000 DM	Maschinen	30.000 DM
Verbindlichkeiten	13.000 DM	Forderungen	17.000 DM
		Bank	12.500 DM
		Kasse	500 DM
	560.000 DM		560.000 DM

S	Gebäude		H
AB	500.000 DM	SBK	500.000 DM

S	Eigenkapital		H
SBK	197.000 DM	AB	197.000 DM

S	Maschinen		H
AB	30.000 DM		
4.	5.000 DM	SBK	35.000 DM
	35.000 DM		35.000 DM

S	Darlehen		H
SBK	350.000 DM	AB	350.000 DM

S	Forderungen		H
AB	17.000 DM	1.	5.000 DM
		SBK	12.000 DM
	17.000 DM		17.000 DM

S	Verbindlichkeiten		H
3.	2.500 DM	AB	13.000 DM
SBK	15.500 DM	4.	5.000 DM
	18.000 DM		18.000 DM

S	Bank		H
AB	12.500 DM	2.	1.500 DM
1.	5.000 DM	3.	2.500 DM
		SBK	13.500 DM
	17.500 DM		17.500 DM

S	Kasse		H
AB	500 DM		
2.	1.500 DM	SBK	2.000 DM
	2.000 DM		2.000 DM

Soll		Schlussbilanzkonto	Haben
Gebäude	500.000 DM	Eigenkapital	197.000 DM
Maschinen	35.000 DM	Darlehen	350.000 DM
Forderungen	12.000 DM	Verbindlichkeiten	15.500 DM
Bank	13.500 DM		
Kasse	2.000 DM		
	562.500 DM		562.500 DM

Grundsätzlich gilt für die Abschlussbuchungen Folgendes:

Das Schlussbilanzkonto fasst die Bestandskonten zusammen, es ist ausgeglichen. Die Schlussbilanz muss wertmäßig mit dem Inventar übereinstimmen.

- Das Schlussbilanzkonto fasst alle Schlussbestände der Bestandskonten zusammen.
- Die Summe der Schlussbestände aller Aktivkonten ist genau so groß, wie die Summe der Schlussbestände aller Passivkonten; das Schlussbilanzkonto ist also ausgeglichen.
- Mit Hilfe des Schlussbilanzkontos wird die Schlussbilanz entwickelt. Dabei können mehrere Schlussbestände zu einer Bilanzposition zusammengefasst werden.
- Die Schlussbilanz muss wertmäßig mit dem Inventar zum Abschlussstichtag übereinstimmen. Abweichungen der tatsächlichen Ist-Bestände, z.B. durch Verlust oder Diebstahl, von den buchhalterischen Soll-Beständen können über das Schlussbilanzkonto korrigiert werden.
- Die Schlussbilanz eines Geschäftsjahres (31.12.) ist gleichzeitig die Eröffnungsbilanz des folgenden Geschäftsjahres (01.01.).

Bestandsveränderungen in der Bilanz

Jetzt noch kurz etwas dazu, welche Auswirkungen die verschiedenen Geschäftsvorfälle letztendlich auf die Bilanz haben.

Änderungen auf Bestandskonten verändern das Vermögen oder die Verbindlichkeiten.

Jeder Geschäftsvorgang im Laufe eines Geschäftsjahres verändert die Bilanz doppelt, damit das Gleichgewicht, bzw. die „Waage" der Bilanz erhalten bleibt. Die Buchungen spiegeln die wirtschaftlichen Abläufe im Unternehmen. Und ein „Plus" in einer Position bewirkt ein „Minus" an anderer Stelle, denn es muss ja auch „bezahlt" werden.

Wertänderungen bzw. Bestandsveränderungen in der Bilanz können verschiedene Folgen haben:

Aktivtausch Geschäftsvorfälle, bei denen ein Aktivposten der Bilanz erhöht wird, während ein zweiter Aktivposten verringert wird, betreffen nur die linke Seite der Bilanz und gleichen sich aus. Man spricht von einem Aktivtausch.

Beispiel: Ein Kunde bezahlt seine Rechnung.

Aktiva	**Bilanz**	Passiva
Forderungen ⇩ Bank ⇧		

Passivtausch Geschäftsvorfälle, bei denen ein Passivposten der Bilanz erhöht wird, während ein zweiter Passivposten verringert wird, betreffen nur die rechte Seite der Bilanz und gleichen sich aus. Man spricht von einem Passivtausch.

Beispiel: Umwandlung einer kurzfristigen Lieferantenschuld in ein Darlehen.

Aktiva	**Bilanz**	Passiva
		Darlehen ⇧ Verbindlichkeiten ⇩

Bestandsveränderungen in der Bilanz: Aktivtausch, Passivtausch, Aktiv-Passiv-Mehrung, Aktiv-Passiv-Minderung.

Aktiv-Passiv-Mehrung Geschäftsvorfälle, bei denen ein Aktivposten der Bilanz erhöht wird, während gleichzeitig ein Passivposten erhöht wird, führen zu einer Aktiv-Passiv-Mehrung.

Beispiel: Für den Kauf eines Grundstücks wird ein Darlehen aufgenommen.

Aktiva	**Bilanz**	Passiva
Grundstücke ⇧		Darlehen ⇩

Aktiv-Passiv-Minderung Geschäftsvorfälle, bei denen ein Aktivposten der Bilanz verringert wird, während gleichzeitig ein Passivposten verringert wird, führen zu einer Aktiv-Passiv-Minderung.

Beispiel: Banküberweisung zur Begleichung von Verbindlichkeiten.

Aktiva	**Bilanz**	Passiva
Bank ⇩		Verbindlichkeiten ⇩

Erfolgskonten – Unterkonten des Eigenkapitalkontos

Änderungen auf Erfolgskonten mehren oder mindern das Eigenkapital, sie sind also erfolgswirksam.

Die bisher besprochenen Geschäftsvorfälle wurden auf Bestandskonten gebucht. Dadurch wurden das Vermögen oder die Verbindlichkeiten verändert. Das Eigenkapital blieb von den Geschäftsvorfällen unberührt; sie hatten keinen Einfluss auf den Gewinn oder Verlust des Unternehmens, den so genannten **Erfolg.**

Es gibt jedoch Geschäftsvorfälle, die das Eigenkapital mindern oder erhöhen, d.h. erfolgswirksam sind.

Aufwendungen sind mit Kosten gleichzusetzen, sie vermindern das Eigenkapital.

Betriebliche Aufwendungen Betriebliche Aufwendungen vermindern das Eigenkapital, denn sie verursachen **Kosten.** Einige Beispiele für betriebliche Aufwendungen sind

1. Stoffkosten, d.h. Verbrauch von Roh-, Hilfs- und Betriebsstoffen (Leim, Holz oder Schrauben in einer Schreinerei).
2. Kosten für die Inanspruchnahme von Dienstleistungen (Arbeiten eines Reinigungsunternehmens).
3. Kosten für den Einsatz von Arbeitskräften, z.B. Fertigungslöhne, Hilfslöhne, Gehälter für alle kaufmännischen und technischen Angestellten, Sozialkosten (Arbeitgeberanteile zur Sozialversicherung u.a.).
4. Kosten für die Abnutzung des Anlagevermögens (Abschreibungen).
5. Kosten für Miete, Betriebssteuern, Verwaltung, Werbung, usw.

Erträge sind mit erbrachten Leistungen gleichzusetzen, sie erhöhen das Eigenkapital.

Betriebliche Erträge Betriebliche Erträge erhöhen das Eigenkapital. Damit sind die erbrachten **Leistungen** gemeint, die sich letztendlich in finanziellen Wertgrößen ausdrücken. Beispiele für betriebliche Erträge sind Verkaufserlöse und Zinserträge.

Theoretisch könnte man alle betrieblichen Aufwendungen und betrieblichen Erträge direkt auf das Eigenkapitalkonto als passives Bestandskonto buchen.

Soll	Eigenkapitalkonto Haben
Minderungen:	Anfangsbestand
Aufwendungen	
Privatentnahmen	**Erhöhungen:**
	Erträge
Schlussbestand	Privateinlagen

Würde man einfach alle erfolgswirksamen Geschäftsvorfälle direkt auf dem Eigenkapitalkonto verbuchen, so würde sich eine Vielzahl von Nachteilen ergeben, als da sind:

- das Eigenkapitalkonto wird unübersichtlich,
- der Erfolg (Gewinn und Verlust) kann nur durch Eigenkapitalvergleich ermittelt werden,
- die Erfolgsquellen, d.h. die einzelnen Aufwendungen und Erträge sind nicht mehr zu erkennen.

Um die Buchhaltung übersichtlich zu gestalten, können Unterkonten gebildet werden.

Aus diesen Gründen werden alle betrieblichen Eigenkapitaländerungen nicht direkt auf das Eigenkapitalkonto gebucht, sondern auf **Unterkonten des Eigenkapitalkontos,** so genannte **Erfolgskonten.**

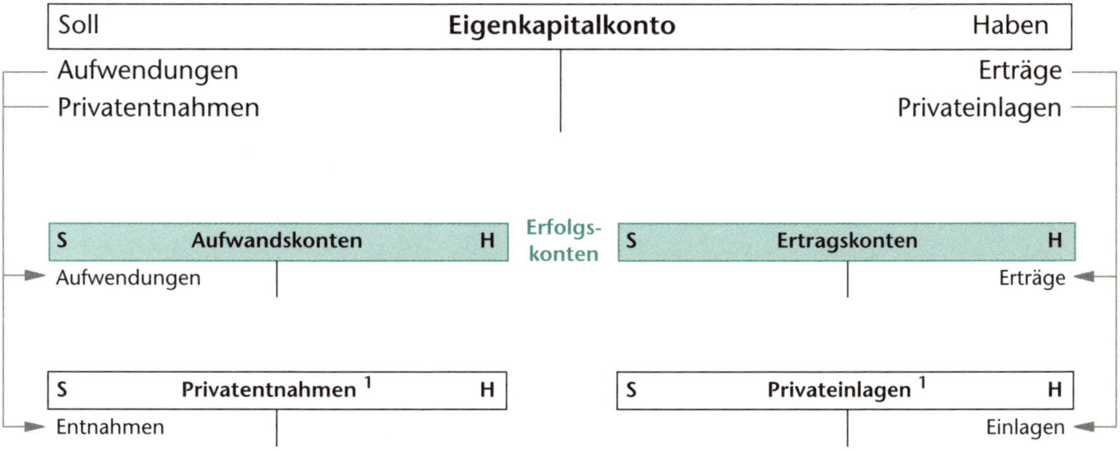

1. Die in der Grafik der Vollständigkeit halber mitaufgeführten Privatentnahmen und -einlagen werden im nächsten Kapitel ausführlich behandelt. Also bitte nicht durcheinander bringen lassen!

Eigenkapitalminderungen	Eigenkapitalmehrungen
Betrieblich bedingte Eigenkapitalminderungen werden auf betrieblichen Aufwandskonten erfasst, gegliedert nach einzelnen Aufwandsarten.	Betrieblich bedingte Eigenkapitalmehrungen werden auf betrieblichen Ertragskonten erfasst, gegliedert nach einzelnen Ertragsarten.
Bei der Herstellung von Erzeugnissen, beim Handel und bei der Bereitstellung von Dienstleistungen findet ein Verbrauch, bzw. ein Verzehr von Gütern, Geld und Diensten statt. Man nennt diesen Verzehr **betrieblich bedingte Aufwendungen oder Kosten.**	Durch den Absatz von Erzeugnissen und Dienstleistungen werden Verkaufserlöse erzielt. Man bezeichnet das als **betrieblich bedingten Erfolg (Leistung).**

Die Erfolgskonten orientieren sich an den betrieblichen Erfordernissen. Nebenstehend sind die allgemein anfallenden Positionen zusammengefasst.

Erfolgskonten

Aufwandskonten	Ertragskonten
Betriebssteuern,	Umsatzerlöse,
Materialaufwand,	Provisionserlöse,
Löhne, Gehälter, soziale Aufwendungen,	Zinserträge.
Miete, Heizung, Strom, Wasser,	
Bürobedarf,	
Fahrzeugkosten,	
Versicherungen,	
Telefon,	
Porto,	
Zinsaufwendungen.	

Buchen auf Erfolgskonten

Bei den Erfolgskonten als Unterkonten des Eigenkapitalkontos gelten dieselben Buchungsregeln wie für das Eigenkapitalkonto. Da diese Konten Auskunft über Aufwendungen und Erträge geben, nennt man sie auch Aufwands- und Ertragskonten.

Buchungsregel für das Eigenkapitalkonto: Aufwendungen links, Erträge rechts.

Alle Minderungen des Eigenkapitals werden im Soll gebucht.

Alle Erhöhungen des Eigenkapitals werden im Haben gebucht.

Anders ausgedrückt heißen die Buchungsregeln:

- Aufwendungen (Eigenkapitalminderungen) stehen in den Aufwandskonten auf der linken Seite (Soll).
- Erträge (Eigenkapitalerhöhungen) stehen in den Ertragskonten auf der rechten Seite (Haben).

Der Praxistipp

Leicht gemerkt:
In der Regel werden Erfolgskonten bei Geschäftsvorfällen nur auf einer Seite angesprochen. Bei Ertragskonten wird im Haben gebucht, bei Aufwandskonten wird im Soll gebucht.

Buchungsbeispiel:

Geschäftsvorfall 1: Es werden Briefmarken für 50 DM gekauft und bar bezahlt.

Buchungssatz: Porto an Kasse 50 DM

Buchung:

Aufwendungen →

S	Porto		H
Kasse	50 DM		

S	Kasse		H
		Porto	50 DM

Geschäftsvorfall 2: Es werden 25.000 DM Löhne und 17.000 DM Gehälter per Banküberweisung bezahlt.

Buchungssatz: Löhne 25.000 DM
Gehälter 17.000 DM an
Bank 42.000 DM

Buchung:

Aufwendungen →

S	Löhne		H
Bank	25.000 DM		

S	Bank		H
		Div.	25.000 DM

Aufwendungen →

S	Gehälter		H
Bank	17.000 DM		

Geschäftsvorfall 3: Für eine Versicherung wird per Bankeinzug eine Rechnung über 1.200 DM bezahlt

Buchungssatz: Versicherung an Bank 1.200 DM

Buchung:

Aufwendungen →

S	Versicherung		H
Bank	200 DM		

S	Bank		H
		Vers.	200 DM

Geschäftsvorfall 4: Es werden Kundenrechnungen in Höhe von 62.500 DM gestellt.

Buchungssatz: Forderungen an Umsatzerlöse 62.500 DM

Buchung:

S	Forderungen		H
Erlöse	52.000 DM		

S	Umsatzerlöse		H
		Forder.	52.000 DM

← Erträge

Geschäftsvorfall 5: Auf das Bankkonto werden 550 DM Zinserträge gutgeschrieben.

Buchungssatz: Bank an Zinserträge 550 DM

Buchung:

S	Bank		H
Zins	550 DM		

S	Zinserträge		H
		Bank	550 DM

← Erträge

Michael will heute etwas früher nach Hause gehen, denn er will auf dem Rückweg vom Stammtisch noch seine Überweisungsformulare bei der Bank einwerfen. „Die müssen morgen raus, sonst flattern mir noch ein paar Mahnungen ins Haus!“, erzählt er. Katrin schaut ihn ungläubig an: „Du überweist deine Rechnungen noch von Hand? Aber du hast doch für deinen Textilgroßhandel schon ein gutes Buchführungsprogramm auf dem Computer!“

Daraufhin berichtet Michael von den Problemen die er mit seinen zu bezahlenden Rechnungen hat: „Gerade Aufwendungen wie Telefon, Porto, Bürobedarf oder die Rechnungen über Fahrzeugkosten und ähnliches kommen mit der Post. Derjenige der für die jeweiligen Kosten zuständig ist, füllt nach der Rechnungsprüfung den Überweisungsträger aus und legt ihn mir zur Unterschrift vor. Üblicherweise landen die Überweisungsbelege nach dem Bezahlen in einer Schublade, die Rechnungen in der anderen. Wenn ich dann für die monatliche Buchführung die Unterlagen suche, kann ich meistens das halbe Büro auf den Kopf stellen. Deshalb nehme ich die Überweisungen jetzt immer direkt an mich, bringe sie zur Bank und hefte sie dann gleich selbst an die Rechnungen.“

Katrin macht Michael einen Vorschlag: „Statt jetzt noch deine Überweisungen in den Briefkasten der Bank zu werfen, nimm dir lieber morgen eine halbe Stunde Zeit und lass dich von deiner Hausbank über elektronischen Datenaustausch informieren.“ Sie beschreibt ihm, dass er entweder über Diskette oder über Btx seine Überweisungen gesammelt der Bank übermitteln kann. „Erstens sparst du dadurch eine Menge Papier, zweitens kannst du den Ablauf so organisieren, dass du einmal pro Woche, z.B. immer donnerstags, alle Eingangsrechnungen prüfen und per EDV anweisen lässt, z.B. durch deine nette Mitarbeiterin im Sekretariat. Du bekommst nur noch die Sammelliste aller Überweisungen zur Kontrolle und Unterschrift vorgelegt. An die im Haus verbleibende Sammelliste werden dann alle Eingangsrechnungen angeheftet. Damit ist jederzeit eine eindeutige Überprüfung möglich. Auf dem Kontoauszug erscheint dann nur noch die Summe aller gleichzeitig getätigten Überweisungen. Und das Beste daran: Wenn du deine monatliche Buchführung machst, ist alles schon sortiert und vorbereitet.“

Michael geht am nächsten Tag tatsächlich zu seiner Bank und lässt sich beraten. Ein paar Wochen später besitzt er für seinen PC eine ISDN-Karte und damit einen direkten Btx-Anschluss. Schon nach kurzer Zeit funktionieren die 'elektronischen Überweisungen' gut. Und als er dann seine Buchführung das erste Mal durchführt, ist er absolut begeistert, weil wirklich alle Eingangsrechnungen sortiert und abgeheftet bereitliegen.

Abschluss der Erfolgskonten

Erfolgskonten werden über das Gewinn- und Verlustkonto abgeschlossen.

Am Ende eines Geschäftsjahres werden alle Erfolgskonten als Unterkonten des Eigenkapitalkontos abgeschlossen. Dabei erfolgt der Abschluss nicht direkt über das Eigenkapitalkonto sondern über ein Sammelkonto, das Gewinn- und Verlustkonto.

Die Buchungssätze für die Abschlussbuchungen der Erfolgskonten lauten:

Gewinn- und Verlustkonto an Aufwandskonten

und

Ertragskonten an Gewinn- und Verlustkonto.

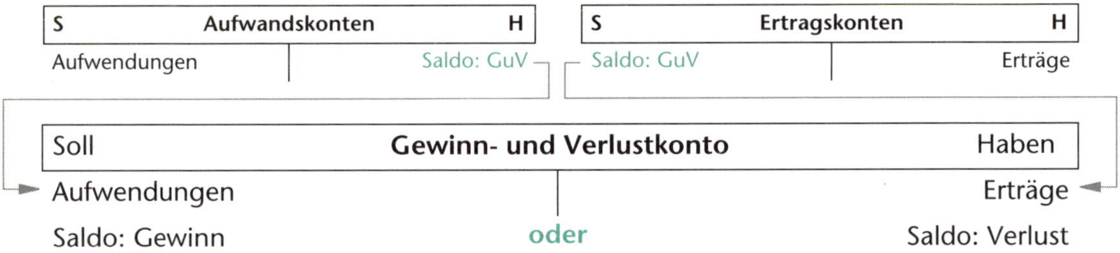

Ist das GuV-Konto im Soll, hat der Betrieb Gewinn gemacht.

Der Differenzbetrag (Saldo) zwischen der Summe der Erträge und der Summe der Aufwendungen gibt Auskunft, ob das Unternehmen im abgelaufenen Geschäftsjahr einen Gewinn oder einen Verlust gemacht hat.

Es gilt:

Summe der Erträge
– Summe der Aufwendungen
= Gewinn bzw. Verlust.

Liegt ein Gewinn vor, so ist der Saldo des GuV-Kontos im Soll,
und
liegt ein Verlust vor, so ist der Saldo des GuV-Kontos im Haben.

Das Gewinn- und Verlustkonto wird über das Eigenkapitalkonto abgeschlossen. Das Eigenkapital wird durch den Gewinn erhöht, durch den Verlust wird es vermindert.

Das GuV-Konto wird über das Eigenkapitalkonto abgeschlossen.

Das Unternehmen, das im folgenden Beispiel die Erfolgskonten und das Gewinn- und Verlustkonto abschließt, hat im betreffenden Geschäftsjahr einen Gewinn erwirtschaftet.

Buchungsbeispiel:

Geschäftsvorfall: Abschluss der Erfolgskonten und des GuV-Kontos bei Gewinn.

Buchungssätze:

Soll	an Haben	Betrag in DM
Umsatzerlöse	GuV	52.500
Zinserträge	GuV	550
GuV	Porto	50
GuV	Löhne	25.000
GuV	Gehälter	17.000
GuV	Versicherungen	1.200

Buchung:

S	Porto		H
	50 DM	GuV	50 DM

S	Umsatzerlöse		H
GuV	52.500 DM		52.500 DM

S	Löhne		H
	25.000 DM	GuV	25.000 DM

S	Zinserträge		H
GuV	550 DM		550 DM

S	Gehälter		H
	17.000 DM	GuV	17.000 DM

S	Versicherungen		H
	1.200 DM	GuV	1.200 DM

Soll	Gewinn- und Verlustkonto		Haben
Porto	50 DM	Umsatzerlöse	52.500 DM
Löhne	25.000 DM	Zinserträge	550 DM
Gehälter	17.000 DM		
Versicherungen	1.200 DM		
Saldo	9.800 DM		
	53.050 DM		53.050 DM

Soll	Eigenkapitalkonto		Haben
		Anfangsbestand	55.000 DM
		GuV (Gewinn)	9.800 DM

Hätte das Unternehmen im obigen Beispiel statt eines Gewinns im abgelaufenen Geschäftsjahr einen Verlust erwirtschaftet, dann hätte das Gewinn- und Verlustkonto den Saldo auf der rechten Seite (Haben) stehen. Auf dem Eigenkapitalkonto würde der Verlust links im Soll stehen. Die Aufwendungen sind im Fall eines Verlusts höher als die Erlöse.

Die Abbildung auf der folgenden Seite gibt Ihnen nochmals einen Überblick über den Zusammenhang zwischen den einzelnen Konten.

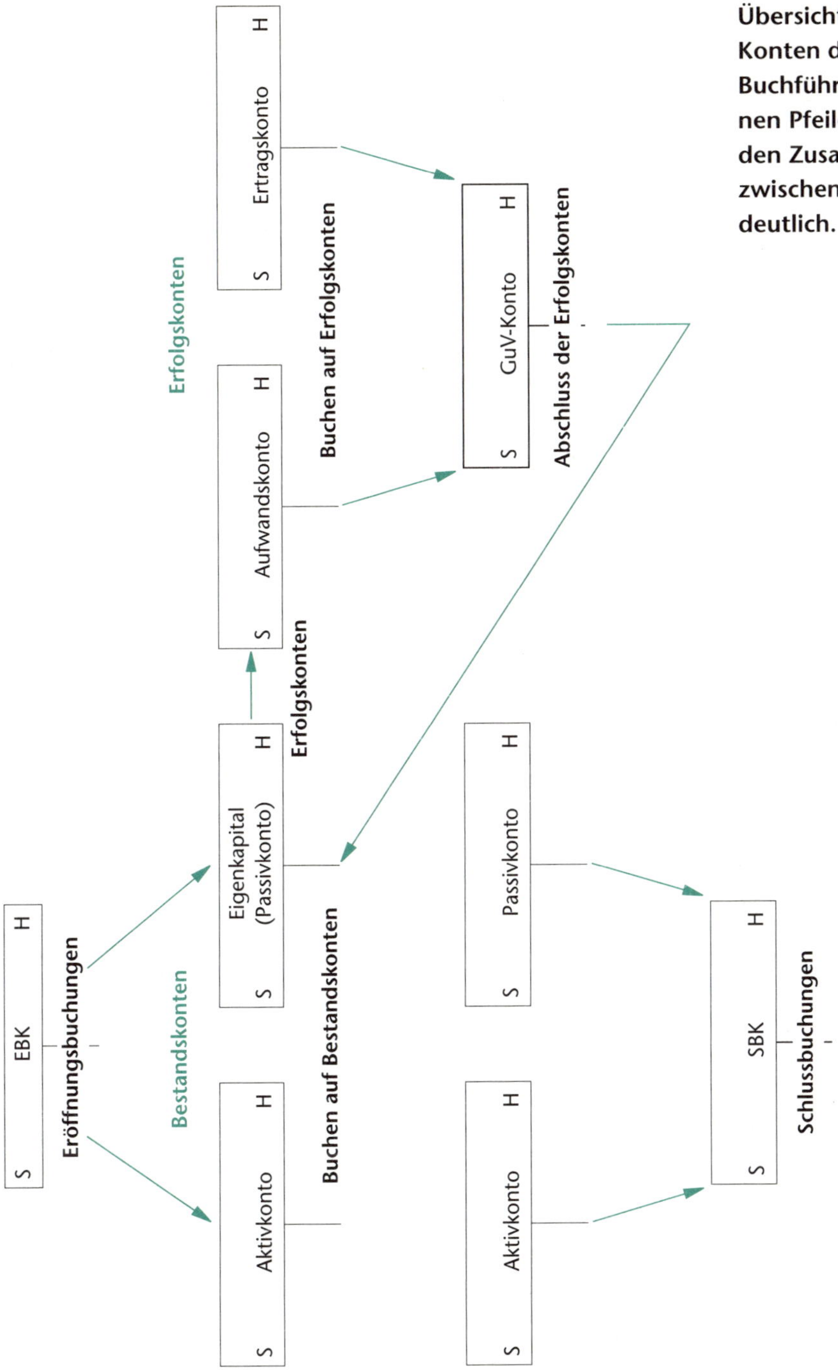

Übersicht über die Konten der doppelten Buchführung. Die grünen Pfeile machen den Zusammenhang zwischen den Konten deutlich.

Aufgaben

1. Welche Aufgabe erfüllt das Eröffnungsbilanzkonto?

2. Auf welcher Seite werden die Eröffnungsbuchungen bei den Passivkonten gebucht?

3. Das Unternehmen hat nach der Durchführung aller Abschlussarbeiten zum 31.12. die im Folgenden abgebildete Bilanz aufgestellt.

   Überlegen Sie, welche Konten Sie zur Eröffnung des nun folgenden Geschäftsjahres benötigen. Legen Sie die entsprechenden T-Konten an und führen Sie alle notwendigen Eröffnungsbuchungen durch.

Aktiva		**Bilanz**	Passiva
Gebäude	250.000 DM	Eigenkapital	187.000 DM
Fahrzeuge	67.000 DM	Darlehen	150.000 DM
Forderungen	35.000 DM	Verbindlichkeiten	30.000 DM
Bank	13.000 DM		
Kasse	2.000 DM		
	367.000 DM		367.000 DM

4. Verbuchen Sie für das Unternehmen der Aufgaben 3 folgende Geschäftsvorfälle:

   a) Kauf eines Fahrzeugs gegen Rechnung (Zahlungsziel: 20 Tage) für 3.270 DM.

   b) Kasseneinlage durch Bankabhebung über 600 DM.

   c) Ein Kunde bezahlt seine Rechnung über 4.000 DM per Banküberweisung.

   d) Eine Lieferrechnung in Höhe von 879 DM wird durch Banküberweisung bezahlt.

5. Das Geschäftsjahr der Unternehmung aus Aufgabe 3 geht zu Ende. Bitte führen Sie die Schlussbuchungen für die Konten aus den Aufgaben 3 und 4 durch. Vergessen Sie nicht, ein Schlussbilanzkonto anzulegen.

6. Theoretisch könnte man die betrieblichen Aufwendungen und Erträge einer Unternehmung direkt auf dem Eigenkapitalkonto verbuchen, ohne dabei die Systematik der doppelten Buchführung zu durchbrechen. In der Praxis macht man dies jedoch nicht! Man legt die benötigten Aufwands- und Ertragskonten an und führt die Buchungen darauf aus. Warum werden betriebliche Aufwendungen und Erträge nicht direkt auf dem Eigenkapitalkonto gebucht?

7. Nennen Sie Beispiele für betrieblich bedingte Aufwendungen und Erträge. Vielleicht fallen Ihnen ja einige Beispiele aus Ihrem direkten Arbeitsumfeld ein.

8. Erfolgskonten werden immer nach der gleichen Systematik abgeschlossen. Wie lauten allgemein die Buchungssätze für die Schlussbuchungen der Erfolgskonten?

9. Führen Sie die Schlussbuchungen der folgenden Konten durch. Liegt ein Gewinn oder ein Verlust vor?

S	Bürobedarf	H
357 DM		

S	Umsatzerlöse	H
		13.570 DM

S	Löhne	H
5.000 DM		

S	Zinserträge	H
		220 DM

S	Fahrzeugkosten	H
920 DM		

S	Versicherungen	H
200 DM		

Die Lösungen zu diesen Aufgaben finden sich auf Seite 188.

Besondere Buchungen

Nach der Bearbeitung der letzten Themen können Sie, liebe Leserin, lieber Leser, die gängigsten Buchungsvorgänge schon selbstständig erledigen. In diesem Kapitel werden Sie jetzt zusätzlich in die Geheimnisse einiger besonderer Buchungsvorgänge eingeweiht. Wenn die Themen für Sie nicht von Interesse sind, gönnen Sie sich die Freiheit, den einen oder anderen Abschnitt zu überspringen. Wenn Sie beispielsweise ein Ingenieurbüro haben, brauchen Sie sich auch nicht unbedingt mit Warenkonten zu beschäftigen. Wenn Sie allerdings umsatzsteuerpflichtig sind, sollten Sie das Kapitel 'Umsatzsteuer' unbedingt bearbeiten.

Also – suchen Sie sich Ihre Themen aus und dann – viel Spaß beim Weiterarbeiten. Die nächsten Themen sind:

- Buchen auf dem **Privatkonto,**
- Buchen der **Umsatzsteuer,**
- Buchen auf den **Personalkonten** und
- Buchen auf den **Warenkonten.**

Das Privatkonto: Privatentnahmen und -einlagen

Der Praxistipp

Achten Sie darauf:
Strafzettel, egal ob sie der Unternehmer oder einer seiner Mitarbeiter auf einer geschäftlichen Fahrt erhalten hat, sind keine betrieblichen Aufwendungen sondern Privatentnahmen.

Ein Unternehmer kann im Allgemeinen aus seinem Unternehmen Geld oder Waren für private Zwecke entnehmen oder auch in das Unternehmen einbringen.

Privatentnahmen Schöpft der Unternehmer Geld und Waren aus dem Unternehmen ab um sie seinem Privateigentum zuzuführen, spricht man von Privatentnahmen. Grundsätzlich ist zu beachten:

- Privatentnahmen sind keine betrieblichen Aufwendung, sondern vorweggenommener Gewinn des laufenden Geschäftsjahres!
- Privatentnahmen verringern das betriebliche Vermögen und das Eigenkapital.

Der Praxistipp

Notieren Sie bei der Geschäftsgründung, welche Gegenstände aus dem Privatvermögen eingebracht werden.

Beispielsweise hat ein Handwerker oftmals vor der Geschäftsgründung bereits Werkzeug, das er in seinem Unternehmen weiterverwendet.

Privateinlagen Bei Privateinlagen bringt der Unternehmer Geld oder Waren aus seinem privaten Eigentum in das Unternehmen ein.

- Privateinlagen erhöhen das Eigenkapital.

Privatkonten Um Privatentnahmen und -einlagen im Überblick zu behalten, richtet man Privatkonten als Unterkonten des Eigenkapitalkontos ein.

- Auf dem Konto Privatentnahmen werden die privaten Entnahmen, also die Eigenkapitalminderungen, auf der linken Seite (Soll) gebucht.
- Auf dem Konto Privateinlagen werden die privaten Einlagen (Eigenkapitalmehrungen) auf der rechten Seite (Haben) gebucht.

Privatkonten sind Unterkonten des Eigenkapitalkontos. Für Entnahmen und Einlagen müssen Eigenbelege ausgestellt werden.

Für die Buchungen werden grundsätzlich Eigenbelege ausgestellt.

Bei der Entnahme von Gegenständen oder der privaten Nutzung von Gegenständen des Unternehmens, z.B. private Nutzung eines Firmenfahrzeuges, handelt es sich grundsätzlich um einen umsatzsteuerpflichtigen Eigenverbrauch! Die Umsatzsteuer wird hier nur der Vollständigkeit halber erwähnt, ausführlicher behandelt sie das nächste Kapitel.

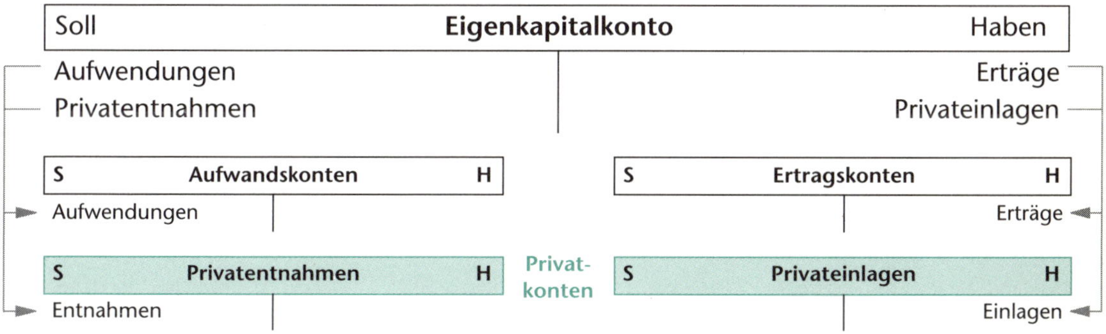

Buchungsbeispiel:

Geschäftsvorfall 1: Da der Unternehmer noch privat einkaufen gehen möchte, er aber kein Bargeld mehr hat, nimmt er sich 300 DM aus der Kasse.

Buchungssatz: Privatentnahme an Kasse 300 DM

Buchung:

EK-Minderung →

S	Privatentnahme		H
Kasse	300 DM		

S	Kasse		H
		p.Entnahme	300 DM

Geschäftsvorfall 2: Die Kasse ist leer. Der Unternehmer legt von seinem privaten Geld 500 DM hinein.

Buchungssatz: Kasse an Privateinlage 500 DM

Buchung:

S	Kasse		H
p.Einlage	500 DM		

S	Privateinlage		H
		Kasse	500 DM

← EK-Er-höhun

Geschäftsvorfall 3: Der Unternehmer entnimmt aus seinem Handelsbetrieb Waren im Wert von 116 DM als Geschenk für seine Tochter. Es entsteht Umsatzsteuer in Höhe von 16 DM.

Buchungssatz: Privatentnahme 116 DM
an
Eigenverbrauch 100 DM
Umsatzsteuer 16 DM

Buchung:

EK-Minderung →

S	Privatentnahme		H
Eigenverbr.	116 DM		

S	Eigenverbrauch		H
		p.Entnahme	100 DM

S	USt		H
		p.Entnahme	16 DM

Am Ende des Geschäftsjahres werden die Privatkonten als Unterkonten des Eigenkapitalkontos über das Eigenkapitalkonto abgeschlossen.

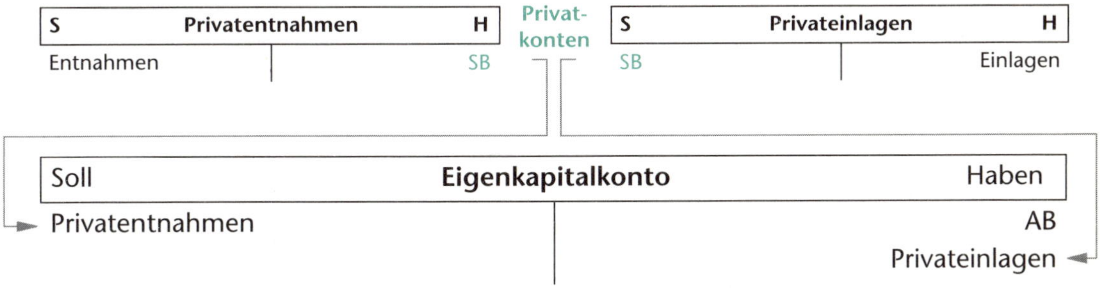

Buchung der Umsatzsteuer

Im letzten Abschnitt wurde erstmals von fälliger Umsatzsteuer bei Privatentnahmen gesprochen. Alle anderen Geschäftsvorfälle wurden bisher jedoch der besseren Übersichtlichkeit halber ohne Umsatzsteuer gebucht. Bei fast allen Ein- bzw. Verkäufen spielt die Umsatzsteuer aber eine entscheidende Rolle.

Bei privaten Entnahmen fällt Umsatzsteuer an!

Was ist Umsatzsteuer?

Die zum Verkauf angebotene Ware hat oftmals viele Bearbeitungsstufen hinter sich gebracht. Von der Produktion über die Veredelung bis hin zum Handel erhöht sich der Wert einer Ware. Dieser Mehrwert wird beispielsweise durch den steigenden Preis des Produkts deutlich.

An jeder Stufe der Wertschöpfung, die durch Lieferungen oder sonstige Leistungen entsteht, beteiligt sich der Staat durch eine Steuer, die so genannte Mehrwertsteuer, steuerrechtlich als Umsatzsteuer bezeichnet.

Die Umsatzsteuer muss der Endverbraucher zahlen, während der dem Endprodukt vorangehenden Verarbeitungsstufen ist sie abzugsfähig.

Steuersatz Die Steuersätze liegen allgemein bei 16 %. Für Umsätze von Waren wie beispielsweise Literatur, Lebensmittel und Pflanzen gilt ein ermäßigter Steuersatz von 7 %.

Ihr Finanzamt kann Sie von der Verpflichtung zur Abgabe von Umsatzsteuervoranmeldungen befreien, wenn Ihre Jahressteuer 1.000 DM nicht übersteigt.

Die Umsatzsteuer soll grundsätzlich vom Endverbraucher der Ware bezahlt werden. Der Unternehmer muss zwar, sobald er eine bestimmte Umsatzhöhe erreicht hat, die Umsatzsteuer berechnen und abführen, er soll aber nicht durch sie belastet werden. Deshalb wird die Steuer von Wertschöpfungsstufe zu Wertschöpfungsstufe weitergereicht. Dies wird dadurch erreicht, dass die Umsatzsteuer auf jeder Rechnung gesondert ausgewiesen werden muss.

Als Unternehmer müssen Sie unbedingt darauf achten, dass auch Ihre Privatentnahmen der Umsatzsteuerpflicht unterliegen (siehe dazu auch S. 111).

Die beim Einkauf gezahlte Umsatzsteuer wird Vorsteuer genannt.

Vorsteuer Die Vorsteuer, d.h. die Umsatzsteuer, die ein Unternehmen beim Einkauf von Waren und Dienstleistungen zahlt, kann es von der Umsatzsteuer, die das Unternehmen auf seinen Ausgangsrechnungen ausweist, wieder abziehen. Auf diese Weise wird der Betrag der Umsatzsteuer ermittelt, der dem Finanzamt geschuldet wird.

Ermittlung der Umsatzsteuer-Zahllast an das Finanzamt:

	Summe der ausgewiesenen Umsatzsteuer aller Ausgangsrechnungen (Verkäufe)	} Umsatzsteuer
–	Summe der ausgewiesenen Umsatzsteuer aller Eingangsrechnungen (Einkäufe)	} Vorsteuer
=	Umsatzsteuer-Zahllast	

Der Praxistipp

Wenn Ihre Vorsteuern in einem Monat höher als die Umsatzsteuern sind, dann erstattet Ihnen das Finanzamt die überschüssigen Vorsteuern zurück.

Zusammengefasst gilt:

- **Die Vorsteuer (= Umsatzsteuer beim Einkauf) ist eine Forderung gegenüber dem Finanzamt.**
- **Die Umsatzsteuer beim Verkauf ist eine Verbindlichkeit gegenüber dem Finanzamt.**

- **Die Umsatzsteuer ist für das Unternehmen ein durchlaufender Posten, da sie grundsätzlich vom Endverbraucher getragen wird.**

Beispiel zur Ermittlung der Umsatzsteuer-Zahllast

Eingangsrechnungen

Beleg 1:

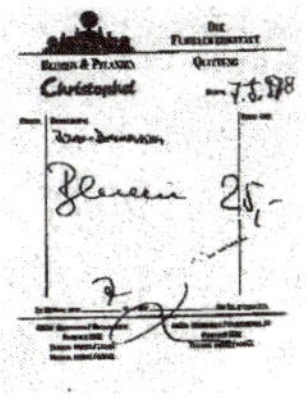

Beleg 2:

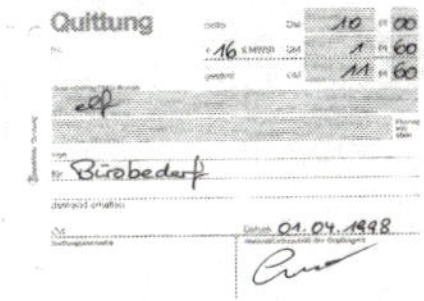

desweiteren Eingangsrechnungen über

Beleg 3: 575,00 DM (79,31 DM MwSt.)
Bürobedarf

Beleg 4: 402,50 DM (55,52 DM MwSt.)
Reinigungsarbeiten

Beleg 5: 805,00 DM (111,03 DM MwSt.)
Computerreparatur

Beleg 6: 160,50 DM (10,50 DM MwSt.)
Literatur

Berechnung der enthaltenen Mehrwertsteuer:

Beleg 1:	7%	in	25,00 DM =	1,64 DM
Beleg 2:	16%	in	11,60 DM =	1,60 DM
Beleg 3:	16%	in	575,00 DM =	79,31 DM
Beleg 4:	16%	in	402,50 DM =	55,52 DM
Beleg 5:	16%	in	805,00 DM =	111,03 DM
Beleg 6:	7%	in	160,50 DM =	10,50 DM

Summe Mehrwertsteuer: 259,60 DM

Ausgangsrechnungen

Beleg 1:

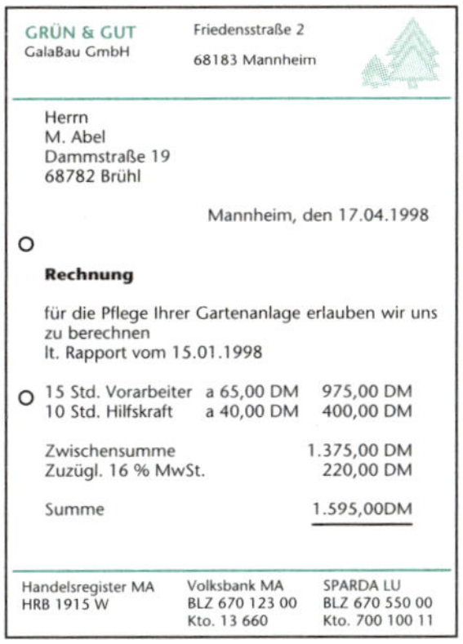

GRÜN & GUT
GalaBau GmbH

Friedensstraße 2
68183 Mannheim

Herrn
M. Abel
Dammstraße 19
68782 Brühl

Mannheim, den 17.04.1998

Rechnung

für die Pflege Ihrer Gartenanlage erlauben wir uns zu berechnen
lt. Rapport vom 15.01.1998

15 Std. Vorarbeiter	a 65,00 DM	975,00 DM
10 Std. Hilfskraft	a 40,00 DM	400,00 DM
Zwischensumme		1.375,00 DM
Zuzügl. 16 % MwSt.		220,00 DM
Summe		1.595,00DM

Handelsregister MA
HRB 1915 W

Volksbank MA
BLZ 670 123 00
Kto. 13 660

SPARDA LU
BLZ 670 550 00
Kto. 700 100 11

desweiteren eine Ausgangsrechnung über

Beleg 2: 561,20 DM (77,41 DM MwSt.)

Berechnung der enthaltenen Mehrwertsteuer:

Beleg 1:	16%	in	1.595,00 DM =	220,00 DM
Beleg 2:	16%	in	561,20 DM =	77,41 DM

Summe Mehrwertsteuer: 297,41 DM

Ermittlung der Umsatzsteuer-Zahllast:

	Summe MwSt. Ausgangsrechnungen:	297,41 DM
–	Summe MwSt. Eingangsrechnungen:	259,60 DM
=	Zahllast:	37,81 DM

Mehrwertsteuerausweis auf einer Rechnung

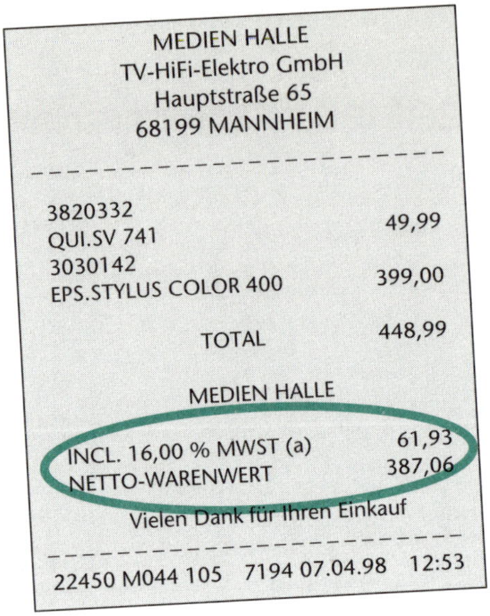
MEDIEN HALLE
TV-HiFi-Elektro GmbH
Hauptstraße 65
68199 MANNHEIM

3820332
QUI.SV 741 49,99
3030142
EPS.STYLUS COLOR 400 399,00

TOTAL 448,99

MEDIEN HALLE

INCL. 16,00 % MWST (a) 61,93
NETTO-WARENWERT 387,06

Vielen Dank für Ihren Einkauf

22450 M044 105 7194 07.04.98 12:53

Vorsteuer und Umsatzsteuer buchen

Umsatzsteuer immer mit dazugehöriger Rechnung buchen!

Buchung der Vorsteuer im Soll auf ein eigenes Konto 'Vorsteuer'.

Einkauf Die Buchung der Umsatzsteuer beim Einkauf erfolgt zur gleichen Zeit wie die Verbuchung der dazugehörigen Rechnung.

Aus Eingangsrechnungen muss grundsätzlich der Nettopreis der Ware und die enthaltene Umsatzsteuer zu entnehmen sein.

Die ausgewiesene Umsatzsteuer ist beim Einkauf Vorsteuer und entspricht einer Forderung gegenüber dem Finanzamt.

Die Buchung erfolgt auf das Konto Vorsteuer auf der linken Seite (Soll). Da es sich um eine Forderung handelt ist es ein Aktivkonto.

Rechnung immer mit Nettobetrag auf Wareneinkaufs- oder Aufwandskonten buchen!

Die eingekauften Waren oder Dienstleistungen werden nur mit dem auf der Rechnung ausgewiesenen Nettobetrag auf dem entsprechenden Wareneinkaufs- oder Aufwandskonto gebucht. Vorsteuer fällt auch beim Kauf von Anlagegütern an und wird hier ebenfalls mit dem Nettobetrag verbucht.

Buchungsbeispiel:

Geschäftsvorfall: Es werden Büromaterialien in Höhe von 232 DM gekauft und bar bezahlt.

Buchungssatz:

Bürobedarf	200 DM
Vorsteuer	32 DM
an	
Kasse	232 DM

Buchung:

S	Bürobedarf	H
200 DM		

S	Kasse	H
		232 DM

S	VSt	H
32 DM		

Verkauf Die Buchung der Umsatzsteuer beim Verkauf wird ebenfalls zum selben Zeitpunkt wie die Buchung der entsprechenden Rechnung durchgeführt.

Die Umsatzsteuer sollte zeitgleich mit der Rechnung gebucht werden.

Aus den Ausgangsrechnungen müssen, genau wie aus den Eingangsrechnungen, der Nettopreis der Ware oder der Dienstleistung sowie die Umsatzsteuer entnommen werden können.

Die ausgewiesene Umsatzsteuer entspricht beim Verkauf einer Forderung gegenüber dem Finanzamt.

Die Buchung erfolgt auf das Konto Umsatzsteuer auf der rechten Seite (Haben). Da es sich um eine Forderung handelt ist es ein Passivkonto.

Buchung der Umsatzsteuer im Haben auf ein eigenes Konto 'Umsatzsteuer'.

Die verkauften Waren oder Dienstleistungen werden nur mit dem auf der Ausgangsrechnung ausgewiesenen Nettobetrag auf dem entsprechenden Ertragskonto gebucht.

Buchungsbeispiel:

Geschäftsvorfall: Der Unternehmer stellt für erbrachte Leistungen an den Kunden eine Ausgangsrechnung in Höhe von netto

1.750 DM, zuzügl. 16% MwSt. in Höhe von 280,00 DM mit einem Zahlungsziel von 14 Tagen.

Buchungssatz: Forderungen 2.030,00 DM
an
Umsatzerlöse 1.750,00 DM
Umsatzsteuer 280,00 DM

Buchung:

S	Forderungen	H
2.030,00 DM		

S	Umsatzerlöse	H
		1.750,00 DM

S	USt	H
		280,00 DM

Um die Vorsteuer abziehen zu können, muss man eine Rechnung mit ausgewiesenem Mehrwertsteueranteil vorlegen.

Die Voraussetzungen für den Vorsteuerabzug (§ 15 Abs. 1 UStG) sind erfüllt, wenn

- eine Rechnung vorliegt,
- die Umsatzsteuer in der Rechnung gesondert ausgewiesen ist,
- der Leistende Unternehmer ist,
- die Leistung für das Unternehmen des Leistungsempfängers erbracht wird und
- die Leistung ausgeführt ist oder die Zahlung der Rechnung bereits erfolgt ist.

Die Rechnung muß enthalten (§ 14 Abs. 1 UStG):
1. den Namen und die Anschrift des leistenden Unternehmens,
2. den Namen und die Anschrift des Leistungsempfängers,
3. die Menge und die handelsübliche Bezeichnung des Gegenstandes der Lieferung oder die Art und den Umfang der sonstigen Leistung,
4. den Zeitpunkt der Lieferung oder sonstigen Leistung,
5. das Entgelt für die Lieferung oder sonstige Leistung und
6. den auf das Entgelt entfallenden Steuerbetrag.

Sogenannte **Kleinbetragsrechnungen,** d.h. Rechnungen deren Gesamtbetrag 200 DM nicht übersteigen, müssen Entgelt und Umsatzsteuer nicht getrennt ausweisen. Die Angabe des Steuersatzes genügt in diesem Fall.

Der Praxistipp

Für die Gestaltung von kaufmännischem Schriftverkehr (Briefbogen, Rechnung) gibt es Empfehlungen (Post), Normen (DIN) und Vorschriften.

Bei nicht ins Handelsregister eingetragenen Unternehmen muss der ausgeschriebene Vor- und Zuname des Gewerbetreibenden aufgeführt sein. Bei GmbHs zusätzlich die Firma, der Sitz, die Registernummer und die Namen der Geschäftsführer.

Abschluss der Umsatzsteuerkonten

Der Abschluss der Umsatzsteuerkonten am Ende des Geschäftsjahres kann über ein sogenanntes **Umsatzsteuer-Verrechnungskonto** erfolgen, oder direkt auf dem Umsatzsteuer-, bzw. Vorsteuerkonto. Der Saldo des Vorsteuerkontos wird dann auf der Soll-Seite des Umsatzsteuerkontos gegengebucht. Das Umsatzsteuerkonto wird über das Schlussbilanzkonto abgeschlossen.

Stefan, der Schreiner, kommt heute gut gelaunt zum Stammtisch. „Erinnert ihr euch an meinen großen Auftrag vor ein paar Wochen, bei dem der Auftraggeber in Zahlungsschwierigkeiten geraten ist? Endlich ist die Rechnung bezahlt worden!“, berichtet er. „Ja“, ergänzt Jakob, „du hast dich damals sehr darüber aufgeregt, dass du die Umsatzsteuer lange vor Zahlungseingang bezahlen musstest.“

In diesem Zusammenhang erzählt Hanna von einer Freundin, die auch selbstständig ist und die das Pech hat, dass viele ihrer Auftraggeber sehr verzögert zahlen. „Für die Zahlung der Umsatzsteuer überzieht sie regelmäßig ihr Geschäftskonto, weil die Kunden ihre Rechnungen oftmals erst später begleichen, als die Umsatzsteuer fällig ist“, ergänzt sie.

„Stefan mit seiner Umsatzsteuer-Zahllast kann ich nicht helfen, seine Schreinerei ist zu groß“, sagt Katrin, „aber wenn deine Freundin im letzten Kalenderjahr nicht mehr als 250.000 DM Umsatz hatte oder, wie Julia als Landschaftsarchitektin, eine freiberufliche Tätigkeit im Sinne des § 18 Abs. 1 EStG ausübt, kann sie nach § 20 UStG einen Antrag auf 'Ist-Versteuerung' stellen, d.h. sie muss die Umsatzsteuer erst zahlen, wenn bei ihr eine Zahlung vom Kunden eingeht. Normalerweise gilt bei der Umsatzsteuer nämlich die 'Soll-Versteuerung', also Zahlung der Umsatzsteuer in dem Zeitraum der Rechnungsstellung."

Beim nächsten Stammtisch kommt Sybille, die Freundin von Hanna mit, um sich bei Katrin zu bedanken. Sie konnte als freie Ingenieurin mit einem formlosen Antrag bei ihrem zuständigen Finanzamt tatsächlich eine 'Ist-Versteuerung' erreichen. Jetzt kann sie die Überziehungszinsen sparen.

Personalkosten (Buchungen im Personalbereich)

Zu den Personalkosten zählen die Löhne und Gehälter sowie die Lohnnebenkosten, also der Arbeitgeberanteil an den Sozialabgaben.

Wenn Arbeitnehmer für ein Unternehmen tätig werden und für ihre Leistungen eine Bezahlung erhalten, entstehen für das Unternehmen Personalkosten. Was für die Mitarbeiterinnen und Mitarbeiter eine Einnahme ist, gilt für den Arbeitgeber als Aufwendung.

Arbeiter beziehen für ihre Arbeitsleistung **Löhne,** Angestellte bekommen **Gehälter.** Zu den Löhnen und Gehältern gehören grundsätzlich alle Entgelte, die an die Mitarbeiter gezahlt werden, also auch Überstundenvergütungen, Urlaubs- und Weihnachtsgelder oder vermögenswirksame Leistungen.

Zu den Personalkosten gehören neben den Löhnen und Gehältern auch die sogenannten Lohnnebenkosten. Die **gesetzlichen Sozialversicherungsbeiträge,** also die Beiträge zur Renten-, Pflege-, Kranken- und Arbeitslosenversicherung, werden jeweils zur Hälfte vom Arbeitnehmer und vom Arbeitgeber getragen. Der Arbeitgeber behält jedoch auch den Arbeitnehmeranteil ein und ist für die ordnungsgemäße Abführung des Gesamtbetrags an die Sozialversicherungsträger verantwortlich.

Der Praxistipp

Die jeweils geltenden Sozialversicherungsbeiträge erfahren Sie bei Ihrer Krankenkasse!

Die aktuellen Sozialversicherungsbeiträge (1998) liegen übrigens bei

- Krankenversicherung 12-14%
- Rentenversicherung 21%
- Pflegeversicherung 1,7%
- Arbeitslosenversicherung 6,5%

Die **Lohn- und Kirchensteuer** ist eigentlich eine Schuld des Arbeitnehmers dem Finanzamt gegenüber. Der Arbeitgeber ist aber vom

Gesetzgeber verpflichtet, bei der Zahlung von Löhnen und Gehältern neben den Sozialversicherungsbeträgen auch die Lohn- und Kirchensteuer zu errechnen, einzubehalten und an das Finanzamt abzuführen, obwohl der Arbeitnehmer der Steuerschuldner ist. Machen Sie sich deutlich, dass Sie als Arbeitgeber sogar für die Abführung der Steuern haften.

Der Arbeitgeber ist verpflichtet, die Steuern sowie die Sozialversicherungsbeiträge ordnungsgemäß zu berechnen, vom Lohn abzuziehen und abzuführen.

Die Sozialversicherungsträger und das Finanzamt führen in regelmäßigen Abständen Prüfungen der Lohn- und Gehaltsabrechnungen durch. Deshalb ist bei der Berechnung Sorgfalt angeraten, wenn man später rückwirkend geltend gemachte Forderungen vermeiden möchte.

Berechnung der auszuzahlenden Nettovergütung

Die Berechnung des auszuzahlenden Nettobetrags an den Arbeitnehmer wird folgendermaßen vorgenommen:

	Bruttogehalt (-lohn)
–	Lohnsteuer
–	Kirchensteuer
–	Sozialversicherung
=	Nettovergütung

Buchung der Personalkosten

Die Verbuchung der Personalkosten verläuft nach folgendem Schema:

1. **Bruttoarbeitsentgelt** Verbuchung des Bruttoarbeitsentgeltes:
   Das Bruttoarbeitsentgelt stellt für das Unternehmen einen Aufwand dar und wird deshalb auf die **Aufwandskonten Löhne bzw. Gehälter** gebucht.
2. **Einbehaltene Abzüge** Verbuchung der einbehaltenen, aber noch nicht abgeführten Abzüge:

Der Praxistipp

Wenn Sie Ihren Ehepartner beschäftigen, ist es wichtig, einen schriftlichen Arbeitsvertrag abzuschließen. Darin muss

- die Art und der zeitliche Umfang,
- die Höhe, Art und Zeitpunkt der Gehaltszahlung, Überstunden-, Urlaubsregelungen usw.

genau geregelt sein. Ansonsten besteht von Seiten des Finanzamtes die Befürchtung, dass dieses Arbeitsverhältnis nur aus steuerlichen Gründen existiert.

Es empfiehlt sich, zur Dokumentation das Gehalt auf ein eigenes Konto zu überweisen.

Stichtag für die Überweisung von Steuern und Sozialabgaben ist jeweils der 10. des Folgemonats.

3. Die einzubehaltende Lohn- und Kirchensteuer bzw. die Sozialabgaben müssen bis zum 10. des Folgemonats an das Finanzamt bzw. die Krankenkasse abgeführt werden. Die einbehaltenen Steuern und Abgaben sind Verbindlichkeiten. Sie werden auf die Konten **Verbindlichkeiten aus Lohn- und Kirchensteuer** und **Verbindlichkeiten im Rahmen der sozialen Sicherheit** gebucht.
4. **Nettoarbeitsentgelt** Verbuchung des Nettoarbeitsentgelts:
   Das Nettoarbeitsentgelt wird üblicherweise vom Arbeitgeber durch die Bank überwiesen und auf dem entsprechenden **Bankkonto** auch verbucht.
5. **Arbeitgeberanteil Sozialversicherungen** Verbuchung des Arbeitgeberanteils der Sozialversicherungen:
   Der Arbeitgeberanteil stellt für das Unternehmen einen Aufwand dar und wird über das Aufwandskonto **Gesetzliche soziale Aufwendungen** verbucht.
6. **Sozialversicherung und Steuern** Zahlung der Sozialversicherungsbeiträge und Steuern:
   Die Verbindlichkeiten aus Steuern und Sozialversicherungen sind am 10. des Folgemonats an das Finanzamt bzw. die Krankenkasse zu entrichten. Dies erfolgt üblicherweise per Banküberweisung und wird auf dem entsprechenden **Bankkonto** verbucht.

Der Praxistipp

Die Krankenversicherungsträger geben Lohnabzugstabellen heraus, die eine schnelle Ermittlung der Sozialversicherungsbeiträge ermöglichen.

Löhne und Gehälter können als Gesamtsumme verbucht werden.

Die Löhne und Gehälter aller Mitarbeiter werden in der Praxis meistens als Lohn- und Gehaltslisten zusammengestellt und als Summe verbucht. Auf dem Auszug des Geschäftskontos kann man dann also für die Nettoüberweisung aller Gehälter lesen: „Gehälter 05/98: 43.256 DM“. Um zu überprüfen, welcher Mitarbeiter welchen Nettobetrag überwiesen bekommt, muss man dann die individuellen Gehaltsabrechnungen betrachten.

Ebenfalls zu den Sozialversicherungen zählt die **Unfallversicherung,** die der Unternehmer jedoch alleine tragen muss. Diese Aufwendungen sind auf dem Konto 'Beiträge zur Berufsgenossenschaft' zu verbuchen.

Buchungsbeispiel:

Geschäftsvorfall: **Teil 1**

Die Gehaltsauszahlung für den verheirateten Arbeitnehmer Mustermann ist fällig. Er hat ein Bruttogehalt von 4.226 DM. Die vom Arbeitgeber einzubehaltende Lohnsteuer beträgt 251,03 DM, die Kirchensteuer 0,60 DM. Der Arbeitnehmer-Anteil der Sozialversicherungen beträgt für

- die Krankenversicherung: 270,46 DM
- die Pflegeversicherung: 35,92 DM
- die Rentenversicherung: 428,94 DM
- die Arbeitslosenversicherung: 137,35 DM.

Der Nettoverdienst von Herrn Mustermann beträgt also: 3.101,70 DM.
Der Arbeitgeber-Anteil für die Sozialversicherungen beträgt: 872,67 DM.

Buchungssätze:

	Soll	an Haben	Betrag in DM
Buchungssatz 1:	Gehälter 4.226,00		
		Bank	3.101,70
		Verbindlichkeiten a.LSt/KiSt.	251,63
		Verbindlichkeiten i.R.d.s.S.	872,67
Buchungssatz 2:	Gesetzliche soziale Aufwendungen	Verbindlichkeiten i.R.d.s.S.	872,67

Geschäftsvorfall: **Teil 2**

Bis zum 10. des Folgemonats müssen die Steuern und die Sozialabgaben an das Finanzamt und die Krankenkassen abgeführt werden.

Buchungssätze:

	Soll an	Haben	Betrag in DM
Buchungssatz 3:	Verbindlichkeiten a.LSt/KiSt	Bank	251,63
Buchungssatz 4:	Verbindlichkeiten i.R.d.s.S. (Arbeitgeber- u. Arbeitnehmeranteil)	Bank	1.745,34

S Gehälter H

S		H	
1)	4.226,00 DM		

S Bank H

S		H	
		1)	3.101,70 DM

S Ges. soz. Aufw. H

S		H	
2)	872,67 DM		

S Verb. LSt/KiSt H

S		H	
3)	251,63 DM	1)	251,63 DM

S Bank H

S		H	
		1)	3.101,70 DM
		3)	251,63 DM
		4)	1.745,34 DM

S Verb. I.R.d.s.S. H

S		H	
4)	1.745,34 DM	1)	872,67 DM
		2)	872,67 DM

Die Ziffern 1), 2), 3) und 4) beziehen sich auf die Buchungssätze.

Jakob will in seiner Tanzschule einen Barbereich einrichten, der dann regelmäßig von Aushilfen oder Studenten besetzt ist. Er möchte wissen, welche Erfahrungen die anderen mit Aushilfen haben, insbesondere verwaltungstechnisch. Michael beginnt sofort zu stöhnen: „In meinem Sporttextilien-Großhandel habe ich eine Vielzahl von Aushilfen beschäftigt, aber das wird in der Abwicklung immer komplizierter.

Zuerst musst du unterscheiden, ob es sich um eine geringfügig entlohnte Beschäftigung oder um eine kurzfristige Beschäftigung handelt.

Dann müssen die Aushilfen korrekt an- und abgemeldet werden. Das erfolgt über die jeweiligen Krankenkassen der Beschäftigten, bei geringfügig Beschäftigten zum Zwecke der statistischen Erfassung meistens über die AOK.

Und im Rahmen der Beschäftigung müssen bestimmte Grenzen, z.B. bei den Wochenarbeitszeiten oder Stundenlöhnen eingehalten werden.

Aber die Regeln ändern sich im Moment relativ häufig.“

„Oh ja“, bestätigt Katrin, „davon könnte ich dir einiges erzählen. Ruf am besten bei der AOK an und lasse dich umfassend informieren. Der steuerliche Aspekt ist übrigens nicht so schlimm, die Aushilfslöhne werden pauschaliert besteuert und die Pauschalsteuer wird am 10. des Folgemonats mit der Lohnsteuer der restlichen Arbeitnehmer abgeführt. Im Zweifel berät dich darüber auch dein Finanzamt. Ach, eines musst du dabei aber doch wissen, Schuldner der pauschalen Lohnsteuer ist nicht der Arbeitnehmer sondern der Arbeitgeber!“

Michael ergänzt: „Du solltest übrigens mit den Aushilfen schriftliche Verträge abschließen, damit im Falle einer Prüfung alle Aspekte des Arbeitsverhältnisses klar sind.“

Ein paar Tage später erzählt Jakob, dass er die örtliche AOK-Filiale angerufen hat und umfangreich beraten wurde. Am nächsten Tag soll das erste Bewerbungsgespräch stattfinden.

Buchungen auf Warenkonten

Buchungen auf Warenkonten finden statt, wenn Geschäftsvorfälle den Wareneingang oder den Warenausgang betreffen. Dies ist insbesondere bei Groß- und Einzelhandelsbetrieben wichtig.

Warenkonten nennt man im Handelsbereich gemischte Konten, die Warenein- und -ausgänge erfassen.

In der Praxis wird der Warenverkehr auf mindestens drei Konten geführt:

- Konto Wareneingang,
- Konto Warenverkauf und
- Konto Warenbestand.

Die Verbuchung der Geschäftsvorfälle im Warenverkehr erfolgt im Laufe eines Geschäftsjahres nach folgendem Schema:

1. Schritt – Eröffnung: Zu Beginn des Geschäftsjahres wird das Konto Warenbestand über das Eröffnungsbilanzkonto (EBK) eröffnet. Der Anfangsbestand wird vorgetragen.

Aktiva	**Bilanz** Passiva
Waren	

S **Warenbestand** H	
AB Waren	

S **EBK** H	
	AB Waren

2. Schritt – Geschäftsvorfälle buchen: Während des Geschäftsjahres werden die Wareneingänge und die Warenabgänge verbucht.

2. a Wareneingang

Alle Wareneingänge werden auf das Konto Wareneingang im Soll gebucht und mit den Einkaufspreisen bewertet.

S **Wareneingang** H	
Wareneingang bewertet zum Einkaufspreis	

S **Bank** H	
	Beispiel Gegenbuchung

- Das Konto Wareneingang ist ein **Aufwandskonto.**
- Das Konto Wareneingang wird am Ende des Geschäftsjahres über das Gewinn- und Verlustkonto abgeschlossen.

2. b Warenverkauf (Erlöse)

Alle Warenverkäufe werden auf das Konto Warenverkauf im Haben gebucht und mit den Verkaufspreisen bewertet.

S **Bank** H	
Beispiel Gegenbuchung	

S **Warenverkauf** H	
	Warenverkauf bewertet zum Verkaufspreis

- Das Konto Warenverkauf ist ein **Ertragskonto.**
- Das Konto Warenverkauf wird am Ende des Geschäftsjahres über das Gewinn- und Verlustkonto abgeschlossen.

3. Schritt – Bestandsveränderungen der Waren am Ende des Geschäftsjahres:

Im Laufe eines Geschäftsjahres werden Waren eingekauft und wieder verkauft, wobei die eingekauften Mengen mit den verkauften Mengen üblicherweise nicht übereinstimmen. Diese Bestandsveränderungen müssen berücksichtigt werden.

Die Bestandsveränderungen zum Ende des Geschäftsjahres werden durch die Inventur ermittelt. Der ermittelte Warenbestand wird im Haben des Kontos Warenbestand gebucht. Gegengebucht wird auf dem Schlussbilanzkonto (SBK). Der Buchungssatz dazu lautet:

Bestandsveränderungen zum Ende des Geschäftsjahres werden durch die Inventur ermittelt.

Schlussbilanzkonto an Warenbestand

S	SBK	H
Waren		

S	Warenbestand	H
		SBK

Der Saldo des Kontos Warenbestand ergibt die Bestandsveränderung.

Bei einer **Bestandsmehrung** sind weniger Waren verkauft als eingekauft worden. Der Buchungssatz am Ende des Geschäftsjahres bei einer Bestandsmehrung lautet:

Warenbestand an Wareneingang.

Für eine Bestandmehrung gilt:

- Der Anfangsbestand ist kleiner als der ermittelte Schlussbestand.
- Sie wird auf dem Konto Wareneingang im Haben gebucht.
- Der Saldo auf dem Konto Wareneingang ist der Wareneinsatz.

	Wareneingang
–	Bestandsmehrung
=	Wareneinsatz

Bei einer **Bestandsminderung** sind mehr Waren verkauft als eingekauft worden. Der Buchungssatz am Ende des Geschäftsjahres bei einer Bestandsminderung lautet

Wareneingang an Warenbestand.

Der Praxistipp

Abschluss nach Bruttoverfahren, d.h. Wareneinsatz und Warenverkauf müssen buchungstechnisch einzeln ausgewiesen werden und dürfen nicht miteinander verrechnet werden.

Für eine Bestandsminderung gilt:

- Der Anfangsbestand ist größer als der Schlussbestand.
- Sie wird auf dem Konto Wareneingang im Soll gebucht.

	Wareneingang
–	Bestandsminderung
=	Wareneinsatz

Der Wareneinsatz ist der Einkaufswert der Waren, die man benötigt, um betriebliche Leistungen bzw. Produkte herzustellen, die dann wiederum den Umsatz des Betriebes ermöglichen.

Unter dem Wareneinsatz versteht man also den Einkaufswert der abgesetzten Waren, der erforderlich ist, um den Erlös zu erzielen.

4. Schritt – Abschluss der Konten Wareneingang und Warenverkauf:

Die Warenkonten müssen nach dem sogenannten Bruttoverfahren abgeschlossen werden, d.h. die Aufwendungen des Wareneinsatzes und die Erträge des Warenverkaufs werden im Gewinn- und Verlustkonto vollständig ausgewiesen und nicht miteinander verrechnet (§ 246 Abs. 2 HGB).

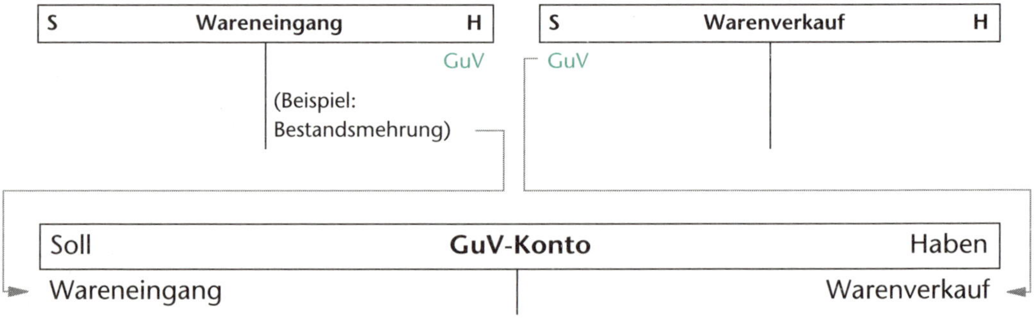

Rohgewinn Der Saldo (Differenz) zwischen den Umsatzerlösen (Warenverkauf bewertet zum Nettoverkaufspreis, also abzüglich Umsatzsteuer) und den Aufwendungen für den Wareneinkauf ist der Rohgewinn. Er zeigt, welchen Erfolg ein Unternehmen durch den Einkauf und den Verkauf von Waren erreicht hat. Der Rohgewinn wird in der Gewinn- und Verlustrechnung jedoch nicht ausgewiesen.

Erfolgt die Buchführung mittels EDV, ist jederzeit eine detaillierte, kurzfristige Erfolgsermittlung möglich.

Interessant ist für den Unternehmer neben dem Rohgewinn auch der Reingewinn.

Reingewinn Der Reingewinn bzw. der Reinverlust, d.h. der Rohgewinn abzüglich aller weiteren Aufwendungen (Telefon, Bürobedarf, u.s.w.), zuzüglich aller weiteren Erträge wird auf dem GuV-Konto ausgewiesen.

	Erträge für Waren (Umsatzerlöse)
–	Aufwendungen für Waren
=	Rohgewinn
–	alle weiteren Aufwendungen
+	alle weiteren Erträge
=	Reingewinn

Eine EDV-gestützte Buchhaltung ermöglicht jederzeit eine betriebswirtschaftliche Auswertung, sprich: eine bedarfsorientierte Einschätzung von Gewinn und Verlust des Betriebs.

Diese Auswertung folgt in der Regel dem Kontenplan und gibt deshalb die Möglichkeit, das Ergebnis der Geschäftstätigkeit zu beurteilen. Meist werden monatliche oder vierteljährliche Zeiträume für die Auswertung gewählt. Dadurch ist es auch während des Jahres möglich, unerwünschten Entwicklungen gegen zu steuern und nicht erst bei der Gesamtabrechnung zum Jahresabschluss, wenn das Kind schon im Brunnen liegt.

Der Praxistipp

Lesen Sie Ihre Betriebswirtschaftlichen Auswertungen (BWA) regelmäßig! Sie haben damit ein wertvolles Steuerungsinstrument in der Hand!

Buchungsbeispiel:

Geschäftsvorfall 1: Eröffnungsbuchung: Der Einzelhändler Feinkost hat zu Beginn seines Geschäftsjahres einen Warenbestand an Gläschen Kindernahrung in Höhe von 250 DM (250 Stück a 1 DM Einkaufspreis).

Buchungssatz: Warenbestand an EBK 250 DM

Buchung:

S	Warenbestand	H
250,00 DM		

S	EBK	H
		250,00 DM

Geschäftsvorfall 2: Wareneingang: Der Einzelhändler Feinkost kauft 100 Stück Gläschen Kindernahrung zu einem Einkaufspreis von 1,00 DM.

Buchungssatz: Wareneingang an Bank 100 DM

Buchung:

S	Wareneingang	H
100,00 DM		

S	Bank	H
		100,00 DM

Geschäftsvorfall 3: Warenverkauf: Der Einzelhändler Feinkost verkauft 300 Stück Gläschen Kindernahrung zu einem Verkaufspreis von 1,50 DM.

Buchungssatz: Kasse an Warenverkauf 450 DM

Buchung:

S	Kasse	H
450,00 DM		

S	Warenverkauf	H
		450,00 DM

Geschäftsvorfall 4: Bestandsveränderung: Durch Inventur würde ein Bestand von 50 Gläschen Babynahrung zum Einkaufspreis von 1 DM ermittelt.

Buchungssätze:

	Soll	an Haben	Betrag in DM
Buchungssatz 1:	SBK	Warenbestand	50
Buchungssatz 2:	Wareneingang	Warenbestand	200

Buchung:

S	SBK		H
1)	50 DM		

S	Warenbestand		H
AB	250 DM	1)	50 DM
		2) Saldo	200 DM

S	Wareneingang		H
	100 DM		
2)	200 DM		

Geschäftsvorfall 5: Abschluss der Konten Wareneingang und Warenverkauf.

Buchungssätze:

	Soll	an Haben	Betrag in DM
Buchungssatz 1:	Warenverkauf	GuV	450
Buchungssatz 2:	GuV	Wareneingang	300

Buchung:

S	Wareneingang		H
	100 DM	GuV	300 DM
	200 DM		

S	Warenverkauf		H
GuV	450 DM		450 DM

Soll	GuV-Konto		Haben
Wareneingang	300 DM	Warenverkauf	450 DM
Saldo	150 DM		

= Roh-, bzw. Reingewinn

gegengebucht auf Eigenkapitalkonto.

Aufgaben

1. Was versteht man unter Privatentnahmen?

2. Was versteht man unter einer Privateinlage?

3. Über welches Konto schließt man die Privatkonten ab?

4. Wie lauten die Buchungssätze für folgende Geschäftsvorfälle:

   a) Der Unternehmer entnimmt aus der Geschäftskasse 500 DM, um mit seiner Frau einen Stadtbummel zu machen.

   b) Der Unternehmer bezahlt einen Strafzettel über 50 DM, den er auf einer Geschäftsfahrt erhalten hat, vom Geschäftskonto.

   c) Da die Geschäftskasse fast leer ist und dringende Ausgaben anstehen, nimmt der Unternehmer aus seinem privaten Geldbeutel 600 DM und legt sie in die Kasse.

   d) Der Unternehmer bekommt von einem Freund eine private Schuld von 2.000 DM zurückbezahlt. Der Betrag geht auf dem Geschäftskonto ein.

5. Was ist unter Mehrwert zu verstehen?

6. Was versteht man unter der Umsatzsteuer-Zahllast?

7. Ein häufig bedauerter Tatbestand ist, dass ein Arbeitnehmer sein vertraglich vereinbartes Bruttogehalt nicht vollständig ausgezahlt bekommt. Es ist gesetzlich geregelt, dass ein gewisser Anteil abgezogen wird und verschiedenen Verwendungen zugeführt wird. Welche Positionen zieht der Arbeitgeber im Einzelnen vom Bruttogehalt eines Arbeitnehmers ab, bevor er das Nettogehalt auszahlt?

8. Auf welche Konten werden die einbehaltenen aber noch nicht abgeführten Abzüge des Arbeitnehmerentgelts gebucht?

9. Wer bezahlt die gesetzlichen Sozialversicherungsbeiträge?

10. a) Wer ist Steuerschuldner der Lohn- und Kirchensteuer?

    b) Wer führt die Lohn- und Kirchensteuer an das Finanzamt ab?

11. Wie lauten die Buchungssätze für folgende Geschäftsvorfälle:

a) Der Arbeitnehmer Meier bekommt folgende Gehaltsabrechnung:

Bruttogehalt	4.300 DM
Lohnsteuer	500 DM
Kirchensteuer	–
Sozialversicherung Arbeitnehmer-Anteil	800 DM.

Das Nettogehalt wird am 29. des laufenden Monats überwiesen.

b) Der Arbeitgeber-Anteil der Sozialversicherung in Höhe von 800 DM ist noch nicht abgeführt.

c) Am 10. des Folgemonats werden die Steuern an das Finanzamt überwiesen.

d) Am 10. des Folgemonats werden Sozialversicherungsbeiträge an die Krankenkasse überwiesen.

12. Welche Konten des Warenverkehrs werden in der Praxis üblicherweise geführt?

13. Auf welchem Konto wird der Anfangsbestand der Waren zu Beginn eines Geschäftsjahres gebucht?

14. a) Wie werden die Wareneingänge auf dem Konto Wareneingang bewertet?

b) Wie werden die Warenverkäufe auf dem Konto Warenverkauf bewertet?

15. Wie werden die Bestandsveränderungen zum Ende eines Geschäftsjahres ermittelt?

16. a) Was versteht man unter Rohgewinn?

b) Was versteht man unter Reingewinn?

17. Wie werden die Warenkonten abgeschlossen?

Lösungen finden sich auf S. 192 ff.

Besondere Problemstellungen der Buchführung

„Das kannst du doch von der Steuer absetzen" – ein oft gehörter Satz. Und zwar immer dann, wenn man überlegt, etwas zu kaufen oder eine Dienstleistung in Anspruch zunehmen. Privatpersonen wie Geschäftsleute erleichtern sich damit oftmals eine Kaufentscheidung.

Dahinter steht die Tatsache, dass bestimmte Ausgaben von vorhandenen Einnahmen abgezogen werden können und so den Gewinn und damit die Steuerschuld mindern. Die gesparten Steuern tragen dann sozusagen dazu bei, den Einkauf zu finanzieren. Allerdings sollte man im einzelnen wissen, was abzugsfähig ist und was nicht.

Betriebsausgaben sind Aufwendungen, die durch den Betrieb veranlasst werden. Allerdings können nicht alle Ausgaben steuermindernd angesetzt werden. Das EStG formuliert eine Reihe von Einschränkungen.

Im Unternehmen entstehen eine Vielzahl von Betriebsausgaben. Nach § 4 Abs. 4 EStG sind Betriebsausgaben Aufwendungen, die durch den Betrieb veranlasst sind. Aber nicht alle Betriebsausgaben sind uneingeschränkt abzugsfähig vom Gewinn.

Der Gesetzgeber führt in § 4 Abs. 5 EStG Betriebsausgaben auf, die den Gewinn einer Unternehmung nicht schmälern dürfen. Damit soll vermieden werden, dass unangemessene Ausgaben die Steuerschuld verringern.

Beispiel: Nach § 4 Abs. 5 Satz 4 dürfen Aufwendungen für Jagd oder Fischerei, für Segeljachten oder Motorjachten sowie für ähnliche Zwecke und für die hiermit zusammenhängenden betriebsfremden Bewirtungen nicht den Gewinn mindern.

In diesem Kapitel soll natürlich nicht über die betriebliche Absetzbarkeit von Segeljachten gesprochen werden. Aber es gibt eine Vielzahl von Aufwendungen, die im Geschäftsalltag vorkommen, bei denen es weniger eindeutig ist, ob sie als abzugsfähige Betriebsausgaben anerkannt sind oder nicht. Dazu gehören:

- Geschenke an Geschäftsfreunde,
- Bewirtungsaufwendungen,
- Reisekosten sowie die
- Pkw-Nutzung.

Geschenke, Geschäftsessen sowie Reisekosten und Pkw-Nutzung zählen unter gewissen Voraussetzungen zu den absetzbaren Betriebsausgaben.

Geschenke an Geschäftsfreunde

§

> **§ 4 Abs. 5 Satz 1 EStG** sagt:
>
> Die folgenden Betriebsausgaben dürfen den Gewinn nicht mindern:
>
> 1. Aufwendungen für Geschenke an Personen, die nicht Arbeitnehmer des Steuerpflichtigen sind. Satz 1 gilt nicht, wenn die Anschaffungs- oder Herstellungskosten der dem Empfänger im Wirtschaftsjahr zugewendeten Gegenstände insgesamt 75 Deutsche Mark nicht übersteigen.

„Kleine Geschenke erhalten die Freundschaft!“ Diese Aussage trifft auch oder gerade für den Geschäftsalltag zu. Kleine Aufmerksamkeiten können die geschäftliche Zusammenarbeit fördern und verbessern. Das sieht auch der Gesetzgeber so. Geschenke an Geschäftsfreunde werden bis zu 75 DM pro Person und Jahr anerkannt. Als Geschäftsfreunde werden dabei Personen verstanden, die nicht in Ihrem Betrieb als Angestellte oder Arbeiter beschäftigt sind, also z.B. Kunden, Lieferanten, Journalisten, Personen des öffentlichen Lebens.

Der Praxistipp

Schmiergelder sind auch Geschenke!
Damit Sie jedoch steuerlich anerkannt werden, müssen Sie den Empfänger namentlich aufführen.

Wichtig ist, dass der Empfänger des Geschenkes namentlich genannt wird, beispielsweise durch eine kurze handschriftliche Notiz auf dem Beleg.

Abzugsfähige Geschenke bis 75 DM werden dementsprechend in der Buchführung auf das **Konto 'Geschenke bis 75 DM'** gebucht. Es liegen Betriebsausgaben vor, die den steuerlichen Gewinn mindern.

Geschenke über 75,– DM dürfen steuerlich nicht in Abzug gebracht werden. Die Grenze liegt bei 75,01 DM.

Überschreiten die Aufwendungen für Geschenke an Geschäftsfreunde 75 DM pro Person und Jahr, dann ist der Abzug jedoch vollständig ausgeschlossen, d.h. wenn Sie als Unternehmer Geschenke für 76 DM machen, handelt es sich dabei um nichtabzugsfähige Ausgaben in Höhe von 76 DM.

Die Buchung nicht abzugsfähiger Ausgaben für Geschenke erfolgt ebenfalls auf dem **Konto 'Geschenke über 75 DM',** aber diese nichtabzugsfähigen Betriebsausgaben dürfen den steuerlichen Gewinn nicht mindern!

Buchungsbeispiel:

Geschäftsvorfall: Sie kaufen 15 Bücher für 54,50 DM, bezahlen per Banküberweisung und schenken 15 verschiedenen Kunden je ein Buch. (Die Mehrwertsteuer bleibt im Beispiel unberücksichtigt).

Buchungssatz: Geschenke unter 75 DM an Bank 823,50 DM

Buchung:

S	Geschenke bis 75,–	H
Bank	823,50 DM	

S	Bank	H
		G < 75,– 823,50 DM

Wichtig ist, dass Sie an die Bücherrechnung eine Liste mit den Namen der Beschenkten anheften. Diese könnte aussehen wie folgt:

	Empfänger	Straße	Ort
1.	A. Müller	Hauptstraße 14	68161 Mannheim
2.	S. Graber	Heidelberger Str. 157	68782 Brühl
3.	T. Wiebert	Sophie-Scholl-Str. 2	65001 Wiesloch
4.	...	...	...
...	...	...	...
15.	R. Beyerlein	Mühlstr. 57	30170 Hannover

Buchungsbeispiel:

Geschäftsvorfall: Sie kaufen für einen besonderen Kunden ein Buch für 150 DM, bezahlen per Banküberweisung und verschenken es. (Die Mehrwertsteuer bleibt im Beispiel unberücksichtigt).

Buchungssatz: Geschenke über 75 DM an Bank 150 DM

Buchung:

S Geschenke über 75,–	H
Bank 150 DM	

S Bank	H
	G > 75,– 150 DM

Bewirtungsaufwendungen

§ 4 Abs. 5 Satz 2 EStG sagt:

Die folgenden Betriebsausgaben dürfen den Gewinn nicht mindern: (...)

2. Aufwendungen für die Bewirtung von Personen aus geschäftlichem Anlass, so weit sie 80 von Hundert der Aufwendungen übersteigen, die nach der allgemeinen Verkehrsauffassung als angemessen anzusehen und deren Höhe und betriebliche Veranlassung nachgewiesen sind. Zum Nachweis hat der Steuerpflichtige schriftlich folgende Angaben zu machen: Ort, Tag, Teilnehmer und Anlass der Bewirtung sowie Höhe der Aufwendungen. Hat die Bewirtung in einer Gaststätte stattgefunden, so genügen Angaben zu dem Anlass und den Teilnehmern der Bewirtung; die Rechnung ist beizufügen.

Damit Bewirtungsaufwendungen als abzugsfähige Betriebsausgaben anerkannt werden, müssen bestimmte Voraussetzungen erfüllt sein:

Der geschäftliche Anlass einer Bewirtung muss schriftlich festgehalten werden. Meist bieten die Restaurants auf der Rückseite der Quittungen entsprechende „Formulare" an, die nur noch ausgefüllt werden müssen. Ob die Ausgaben angemessen sind oder nicht, muss im Einzelfall beurteilt werden.

1. **Geschäftlicher Anlass** Die Bewirtung muss aus geschäftlichem Anlass erfolgen.

   Dabei ist es egal ob

   - bereits Geschäftsbeziehungen zu dieser Person bestanden,
   - Geschäftsbeziehungen mit dieser Person aufgenommen werden sollen oder
   - die bewirtete Person nur Besucher des Unternehmens ist (Öffentlichkeitsarbeit).

   Die betriebliche Veranlassung der Aufwendungen ist durch schriftliche Angaben über den Ort, das Datum, die Teilnehmer, den Anlass der Bewirtung und die Höhe der Aufwendungen nachzuweisen.

2. **Angemessenheit** Die Bewirtung darf nach allgemeiner Verkehrsauffassung nicht unangemessen sein oder eindeutig im Vordergrund des Anlasses stehen.
   Aufwendungen, die beispielsweise durch das Anbieten von Kaffee und Gebäck oder belegten Brötchen oder ähnlichem entstehen, können in vollem Umfang abgezogen werden.

Voraussetzungen für die Anerkennung von Bewirtungsrechnungen:

Sie müssen

1. maschinell erstellt und registriert sein,
2. genaue Angaben über die in Anspruch genommenen Leistungen nach Art, Umfang, Entgelt und den Tag der Bewirtung enthalten, d.h. die Angabe „für Speisen und Getränke" genügt nicht,
3. Angaben über den Ort der Bewirtung enthalten,
4. Angaben über die Teilnehmer enthalten,
5. Angaben über den Anlass der Bewirtung und
6. die Höhe der Aufwendungen enthalten und
7. der Name und die Anschrift der Gaststätte muss aus der Rechnung hervorgehen.

Grundsätzlich gilt, dass bei geschäftlichem Anlass sowie Vorliegen aller anderen Voraussetzungen die anfallenden **Bewirtungskosten nur in Höhe von 80 % als Betriebsausgaben abziehbar** sind, d.h. 20 % der angemessenen und ordnungsgemäß ausgewiesenen Bewirtungskosten dürfen den Gewinn nicht mindern.

Der Praxistipp

Aufwendungen aus Anlass eines Richtfestes zählen nicht zu den Bewirtungskosten, sondern zu den Herstellungskosten eines Gebäudes.

Um die Abzugsfähigkeit grundsätzlich prüfen zu können, sind Bewirtungsaufwendungen nach § 4 Abs. 7 EStG einzeln und getrennt von den anderen Betriebsausgaben aufzuzeichnen. Die Forderung ist erfüllt, wenn die Bewirtungskosten auf ein besonderes Konto, das **Konto 'Bewirtungskosten'** gebucht werden.

Die Vorsteuer aus den Bewirtungskosten kann von der Umsatzsteuer abgezogen werden.

Die in den Bewirtungskosten enthaltene Vorsteuer ist natürlich von der Umsatzsteuerzahllast abzuziehen.

Stefan war heute mit einem Geschäftspartner essen, um dabei den Abschluss eines neuen Auftrags zu besprechen. Er schwärmt den anderen von dem guten Geschäftsabschluss und dem guten Essen vor.

„Katrin, erkläre mir mal Folgendes: Das Essen ging auf Kosten meiner Schreinerei. Es heißt doch, dass man nur 80 % der Bewirtungskosten als Betriebsausgaben abziehen kann. Wie spiegelt sich das denn in der Buchführung wider?“, bittet Stefan.

Katrin erwidert, dass der Ablauf eigentlich ganz einfach ist. Die Bewirtungsrechnungen können das ganze Jahr über auf das Konto 'Bewirtungskosten' gebucht werden. Am Ende des Jahres können dann die vom Gesetzgeber vorgeschriebenen, nicht abziehbaren 20 % aus der Summe aller Rechnungen berechnet und über das Privatkonto ausgebucht werden. Sie weist jedoch nachdrücklich darauf hin, dass die in den Bewirtungskosten enthaltenen Vorsteuern natürlich voll abzugsfähig sind.

„Das heißt“, fragt Stefan, „am Schluss bleibe ich auf 20 % sitzen?“

„Genau“, bestätigt Katrin, „aber ich hoffe, du kannst deine Geschäftsessen jetzt trotzdem noch genießen!“

Auch die Bewirtung von Arbeitnehmern ist unter bestimmten Voraussetzungen abzugsfähig.

Die ausschließliche Bewirtung von Arbeitnehmern ist voll abzugsfähig, unterliegt aber der Lohnsteuer, wenn eine der folgenden Kriterien nicht erfüllt ist:

- der Anlass für das Essen ist ein außergewöhnlicher Arbeitseinsatz,
- das Essen findet im Betrieb statt,
- der Wert der Verpflegung pro Arbeitnehmer darf 60 DM nicht übersteigen.

Reisekosten

Von einer Geschäftsreise spricht man, wenn ein Selbständiger aus beruflichen Gründen vorübergehend außerhalb seiner Wohnung und außerhalb seiner Betriebsstätte tätig ist.

Damit das Finanzamt die Kosten für eine Geschäftsreise anerkennt, sind genaue Aufzeichnungen erforderlich. Um nichts zu vergessen, ist es hilfreich, auf die im Schreibwarenhandel angebotenen Formulare zurückzugreifen.

Voraussetzungen für die steuerliche Anerkennung einer Geschäftsreise sind genaue Aufzeichnungen über den Tag, den zeitlichen Beginn und das Ende sowie den Zweck der Reise.

Die nachfolgenden Regeln gelten für Geschäftsreisen von Selbstständigen ebenso wie für den Werbekostenabzug bei Dienstreisen eines Arbeitnehmers.

Zu den abzugsfähigen Reisekosten gehören:

Fahrtkosten

Für die Geschäftsreise können Fahrtkosten durch Nutzung eines Geschäftswagens, eines privaten Pkws oder der öffentlichen Verkehrsmitteln entstehen.

Der Praxistipp

Wenn Sie für sich und/oder Ihre Mitarbeiter eine BahnCard der Deutschen Bahn AG kaufen und dadurch die voraussichtlichen Fahrtkosten vermindert werden, dann darf die BahnCard auch privat genutzt werden, ohne dass sich das steuerlich auswirkt.

Geschäftsfahrzeug Wird der Geschäftswagen genutzt, dann sind grundsätzlich alle Kosten Betriebsausgaben, z.B. Kosten für Benzin oder Versicherungen.

Privatfahrzeug Bei der Nutzung eines privaten Fahrzeugs können die tatsächlichen Kosten ermittelt werden oder Kilometerpauschalen angesetzt werden.

Bei Benutzung eines	ist die Pauschale pro Kilometer	bei Mitnahme pro Person gilt eine Pauschale pro km
PKW	0,52 DM	0,03 DM
Motorrad/Motorroller (über 50 ccm)	0,23 DM	0,02 DM
Moped/Mofa (unter 50 ccm)	0,14 DM	–
Fahrrad	0,07 DM	–

Stand: 1998

In der Kilometergeldpauschale ist für Arbeitgeber ein abzugsfähiger Vorsteueranteil von 6,1 % und für Arbeitnehmer von 8,7 % enthalten.

Bei Nutzung öffentlicher Verkehrsmittel können die Auslagen in voller Höhe angesetzt werden, auch die 1. Klasse bei Bahnfahrten.

Der Praxistipp

Wenn Sie auf Ihrer Geschäftsreise von Ihrem Geschäftspartner zum Essen eingeladen wurden oder Sie ihn eingeladen haben, können Sie den Verpflegungspauschalbetrag trotzdem als Aufwendung ansetzen.

Verpflegungskosten

Für die Verpflegung im Rahmen einer Geschäftsreise dürfen nur Pauschalbeträge angesetzt werden. Entscheidend für die Höhe der Beträge ist die Dauer der Abwesenheit. Die aktuellen Beträge sind:

Abwesenheitsdauer	Verpflegungspauschale
24 Stunden am Kalendertag	46,00 DM
14 bis 24 Stunden	20,00 DM
8 bis 14 Stunden	10,00 DM
unter 8 Stunden	–

Stand: 1998

In der Verpflegungspauschale ist ein abzugsfähiger Vorsteueranteil von 13,1 % enthalten.

Übernachtungskosten

Der Praxistipp

Wenn Sie auf Ihren Reisen keine Übernachtungskosten hatten, weil Sie z.B. bei Freunden übernachtet haben, können Sie entstandene Aufwendungen für kleinere Gastgeschenke geltend machen.

Der Arbeitgeber darf dem Arbeitnehmer Übernachtungskosten bei Inlandsreisen pauschal in Höhe von 39 DM pro Tag steuerfrei ersetzen.

Übernachtungskosten bei Reisen des Unternehmers innerhalb Deutschlands können jedoch grundsätzlich nur steuerlich absetzt werden, wenn sie durch Beleg nachgewiesen werden.

Ist auf dem Übernachtungsbeleg nur der Gesamtpreis für Übernachtung mit Frühstück ausgewiesen, dann muss der Rechnungsbetrag um 9 DM (Übernachtung in Deutschland) gekürzt werden.

Julia, die Landschaftsarchitektin, kommt heute direkt vom Bahnhof zum Stammtisch. Sie war zwei Tage geschäftlich in Dresden. Sie erzählt, dass sie einen guten Auftrag erhalten hat und mit dem Kunden gleich umfangreiche Besprechungen durchführen konnte. „Die Stadt hat mir auch sehr gut gefallen. Mein Hotel lag mitten in der Stadt und morgens gab es ein super Frühstücksbüffet. Und das kann ich auch noch alles absetzen...", berichtet sie weiter.

Katrin, die immer auch ein bisschen steuerlicher Berater ist, will beim Stichwort 'Frühstück' sofort wissen, wie die Hotelrechnung aussieht.

Julia holt die Rechnung aus ihrer Tasche; es sind aufgeführt:

„Übernachtung: 100 DM, Frühstück 20 DM."

Katrin erklärt, dass Julia nur die 100 DM Übernachtungskosten direkt steuerlich als Betriebsausgaben ansetzen kann. Die 20 DM für das Frühstück muss sie auf die ansetzbaren Verpflegungspauschalen anrechnen, denn die Kosten des Frühstücks sollen, so der Gesetzgeber, mit dem Pauschalbetrag abgegolten sein.

Aber Katrin hat auch noch einen Tipp für die nächste Reise von Julia: „Lass' dir das nächste Mal eine Hotelrechnung ausstellen über 'Übernachtung mit Frühstück 120 DM'. Dann musst du lediglich eine Kürzung um 9 DM vornehmen. Denn 9 DM werden, wenn nichts anderes festzustellen ist, steuerlich als Frühstückskosten angenommen. Bei einer längeren Geschäftsreise können sich die kleinen Beträge, die du dadurch sparst, dann auch summieren."

Reisenebenkosten

Reisenebenkosten können sein:

Parkgebühren, Gepäckbeförderung, berufliche Telefonate, Eintrittsgelder u.ä.

Der Praxistipp

Achtung: Wenn Sie Ihren Mitarbeitern für Reisekosten einen höheren als den steuerlich zulässigen Betrag auszahlen, so ist der darüber hinausgehende Betrag steuer- und sozialabgabenpflichtig.

Private Nutzung des Betriebs-Pkw

Sowohl für Selbstständige als auch für Angestellte besteht, steuerlich gesehen, die Möglichkeit, ein unternehmenseigenes Fahrzeug privat zu nutzen. Der Privatanteil des Selbstständigen wird dabei genauso ermittelt, wie der geldwerte Vorteil des Angestellten für die private Nutzung des Firmenwagens.

Für Selbstständige wie Angestellte gilt, dass bei der Nutzung eines Firmenfahrzeugs der Anteil für die private Nutzung ermittelt werden muss.

Es gibt zwei Methoden der Ermittlung des Privatanteils: die **Pauschalierungsmethode** und die **Fahrtenbuchmethode.**

Pauschalierungsmethode

Wird die Pauschalierungsmethode angewendet, dann sind keine weiteren Aufzeichnungen erforderlich. Der Privatanteil des Pkws, der steuerlich zu berücksichtigen ist, beträgt grundsätzlich **1 % des Listenpreises pro Monat** (12 % pro Jahr). Entscheidend ist der Listenpreis zum Zeitpunkt der Zulassung, die Sonderausstattung des Fahrzeuges wird mitberücksichtigt.

Der private Anteil der Pkw-Nutzung kann für die Steuer pauschal mit 12 % p.A. vom Listenpreis angesetzt werden.

Dabei ist es egal, ob das Fahrzeug neu oder gebraucht gekauft oder aber geleast wird oder ob es bereits abgeschrieben ist. Dazu kommen kann ein Anteil für die Fahrten zwischen der Wohnung und der Arbeitsstätte, nämlich nochmals **0,03 % des Listenpreises pro Kilometer.**

Der Praxistipp

Auch wenn Sie Ihren Geschäftswagen neu kaufen und dabei einen Preis heraushandeln, der deutlich unter Listenpreis liegt – Sie müssen nach Listenpreis versteuern!

Aber: Sonderausstattungen, die erst nach dem Kauf in das Fahrzeug eingebaut werden, z.B. ein Autoradio, gehen nicht mehr in den Listenpreis ein!

Fahrtenbuchmethode

Die Fahrtenbuch- oder Nachweismethode basiert darauf, dass

- alle Fahrzeugkosten durch Belege nachgewiesen werden und
- ein Fahrtenbuch geführt wird, aus dem alle Privatfahrten, Fahrten zwischen Wohnung und Arbeitsstätte und Geschäftsfahrten hervorgehen.

Beim Führen eines Fahrtenbuchs ist darauf zu achten, dass alle Eintragungen fortlaufend und zeitnah erfolgen.

Für Geschäftsfahrten müssen Angaben über

Fahrtenbücher gibt es als Vordrucke im Schreibwarenhandel.

- Datum,
- Kilometerstand zu Beginn der Fahrt,
- gefahrene Kilometer,
- Reiseziel,
- Reiseroute,
- Reisezweck und
- besuchter Geschäftspartner aufgeführt werden.

Für Fahrten zwischen Wohnung und Arbeitsstätte genügt ein kurzer Vermerk und bei privaten Fahrten reicht eine Kilometerangabe aus.

Die Nachweismethode ist relativ aufwendig aber oftmals steuerlich günstiger.

Der Praxistipp

Unfälle aufgrund alkoholbedingter Fahruntüchtigkeit führen immer zu nicht abzugsfähigen Betriebsausgaben, auch wenn die Fahrt betrieblich veranlasst war.

Erleidet der Unternehmer auf einer Privatfahrt einen Unfall, so dürfen die dadurch entstehenden Ausgaben oder Vermögensverluste nicht als Betriebsausgaben abgezogen werden. Die entstehenden Kosten sind in vollem Umfang Bemessungsgrundlage für den Eigenverbrauch des Unternehmers.

Aufgaben

1. „Kleine Geschenke erhalten die Freundschaft". Warum sollten Sie bei Geschenken an Geschäftspartner darauf achten, dass sie wirklich klein bleiben, also nicht, auch nicht geringfügig, mehr als 75 DM kosten?

2. Wem macht es keinen Spaß seine Besprechungen mit Geschäftspartnern in angenehmer Atmosphäre bei gutem Essen durchzuführen? Damit nicht jedes Essen zum „Geschäftsessen" wird, hat der Gesetzgeber Regeln bezüglich der Abzugsfähigkeit aufgestellt. Worauf muss man bei Bewirtungsaufwendungen achten, damit sie abzugsfähig sind?

3. Während früher der Hinweis „für Speisen und Getränke..." auf einer Bewirtungsrechnung ausreichte, muss sie heute umfassenden Anforderungen gerecht werden um steuerlich anerkannt zu werden. Welche Form muss eine Bewirtungsrechnung haben, damit sie anerkannt wird?

4. In welcher Höhe können Bewirtungsausgaben, die aus geschäftlichem Anlass erfolgen, steuerlich angesetzt werden?

5. Welcher Steuer unterliegt die Verpflegung eines Mitarbeiters, wenn der Wert der Verpflegung pro Mitarbeiter 60 DM übersteigt?

6. Warum muss eine Hotelrechnung mit dem Text „Übernachtung mit Frühstück xxx DM" grundsätzlich um 9 DM gekürzt werden?

7. Welche Methoden zur Ermittlung des Privatanteils bei der Nutzung eines Geschäftsfahrzeugs lässt der Gesetzgeber zu?

8. Sie haben sich nach Abwägung der möglichen Methoden zur Ermittlung des Privatanteils bei der Nutzung des Geschäftsfahrzeugs für die Fahrtenbuchmethode entschieden. Worauf müssen Sie beim Führen eines Fahrtenbuchs achten?

Die Lösungen zu diesen Aufgaben finden sich auf Seite 195 f.

Jahresabschluss

Nachdem in den vorangegangenen Kapiteln der Ablauf eines Geschäftsjahres mit den dazugehörigen Aufgaben der Buchführung besprochen wurde, behandelt dieses Kapitel den Jahresabschluss und die wesentlichen Aufgaben rund um den Abschluss.

Vorbereitende Abschlussarbeiten

Bevor der Jahresabschluss durchgeführt werden kann, sind vorbereitende Abschlussarbeiten notwendig. Die wichtigsten vorbereitenden Abschlussarbeiten sind

- **die Durchführung einer Inventur und**
- **die Erstellung des Inventars.**

Desweiteren müssen noch

- **die Bewertung von Vermögensteilen und Schulden,**
- **die zeitlichen Abgrenzungen von Aufwendungen und Erträgen,**
- **die Bildung von Rückstellungen und**
- **die Abschreibungen auf das Anlagevermögen**

als vorbereitende Abschlussarbeiten durchgeführt werden.

Der Praxistipp

Planen Sie Ihren Jahresabschluss rechtzeitig und in Ruhe! Eine gute Organisation spart Geld und Zeit.
Und: Je früher Sie Ihren Jahresabschluss durchführen, desto eher können Sie die Daten auswerten und konsequent Verbesserungen durchführen!

Wenn die Jahresabschlussarbeiten erledigt sind und der Abschluss durchgeführt ist, muss er analysiert und ausgewertet werden.

Erst mit den entsprechenden Auswertungen wird die Bilanz für den Unternehmer wirklich aussagekräftig. Durch den Vergleich und die Gewichtung der Zahlen, also die Erstellung sogenannter Kennzahlen, gibt sie Auskunft über die tatsächliche Situation der Unternehmung.

Inhalt und Aufgaben des Jahresabschlusses

Nach § 242 HGB ist jeder Kaufmann am Ende des Geschäftsjahres verpflichtet, einen Jahresabschluss zu erstellen.

Nach § 242 HGB muss jeder Kaufmann einen Jahresabschluss durchführen.

Der Jahresabschluss besteht aus
▪ der Bilanz und
▪ der Gewinn- und Verlustrechnung.

Kapitalgesellschaften, d.h. Aktiengesellschaften (AG), Kommanditgesellschaften auf Aktien (KG a.A.) und Gesellschaften mit beschränkter Haftung (GmbH) müssen die Bilanz und die GuV-Rechnung um einen **Anhang** erweitern (§ 264 HGB). Der Anhang muss nähere Angaben zu den einzelnen Posten der Bilanz und der GuV-Rechnung sowie Erläuterungen zu verwendeten Methoden (gilt nur für Methoden bei denen ein Wahlrecht besteht, z.B. Abschreibungsmethoden nach § 284 HGB) umfassen.

Die Aufgabe des Jahresabschlusses besteht in der Rechenschaftslegung und der Information über die Vermögens-, Finanz- und Ertragslage des Unternehmens.

Die Aufgabe des Jahresabschlusses besteht in der Rechenschaftslegung und der Information über die Vermögens-, Finanz- und Ertragslage des Unternehmens.

Bewertung von Vermögensteilen und Schulden

Bei der Aufstellung des Jahresabschlusses ist eine wichtige Aufgabe die Bewertung von Vermögensteilen und Schulden. Dies ist im einzelnen eine ziemlich komplizierte Angegenheit, die viel Spielraum für die sogenannte „kreative Buchführung“ läßt. Um zumindest durch die Rahmenbedingungen eine Beurteilung und Vergleichbarkeit zu gewährleisten, hat der Gesetzgeber im Handelsgesetzbuch in den §§ 252-256 HGB eine Reihe von Bewertungsgrundsätzen vorgeschrieben:

Für den Jahresabschluss müssen die Vermögenswerte und Schulden bewertet werden, mit der Absicht, sie realistisch in der Bilanz erfassen zu können.

§

§ 252 Satz 1 HGB (Allgemeine Bewertungsgrundsätze) sagt:

Bei der Bewertung der im Jahresabschluss ausgewiesenen Vermögensgegenstände und Schulden gilt insbesondere folgendes:

Grundsatz der Bilanzidentität

1. Die Wertansätze in der Eröffnungsbilanz des Geschäftsjahrs müssen mit denen der Schlussbilanz des vorhergehenden Geschäftsjahrs übereinstimmen.

Grundsatz der Fortführung der Unternehmenstätigkeit

2. Bei der Bewertung ist von der Fortführung der Unternehmenstätigkeit auszugehen, sofern dem nicht tatsächliche oder rechtliche Gegebenheiten entgegenstehen.

Grundsatz der Einzelbewertung

3. Die Vermögensgegenstände und Schulden sind zum Abschlussstichtag einzeln zu bewerten.

Grundsatz der Vorsicht

4. Es ist vorsichtig zu bewerten, namentlich sind alle vorhersehbaren Risiken und Verluste, die bis zum Abschlussstichtag entstanden sind, zu berücksichtigen, selbst wenn diese erst zwischen dem Abschlussstichtag und dem Tag der Aufstellung des Jahresabschlusses bekannt geworden sind; Gewinne sind nur zu berücksichtigen wenn sie am Abschlussstichtag realisiert sind.

Grundsatz der periodengerechten Aufwands- und Ertragsabgrenzung

5. Aufwendungen und Erträge des Geschäftsjahrs sind unabhängig von den Zeitpunkten der entsprechenden Zahlungen im Jahresabschluss zu berücksichtigen.

Grundsatz der Stetigkeit der Bewertungsmethoden

6. Die auf den vorhergehenden Jahresabschluss angewandten Bewertungsmethoden sollen beibehalten werden.

Grundsatz der Vorsicht

Aktivposten in der Bilanz niedrig bewerten, Passivposten hoch. Gewinne sind erst mit erfolgten Umsätzen auszuweisen.

Auf den Grundsatz der Vorsicht soll an dieser Stelle näher eingegangen werden. Der vorsichtige Kaufmann wird dem Grundsatz gerecht, wenn die Aktivposten der Bilanz eher mit einem niedrigeren Wert (Niederstwertprinzip) und die Passivposten der Bilanz eher mit einem höheren Wert (Höchstwertprinzip) angesetzt werden. Gewinne dürfen erst in der Bilanz ausgewiesen werden, wenn sie durch Umsätze realisiert sind (Realisationsprinzip).

Bilanzposten bewerten

Einen Bilanzposten bewerten heißt, ihm entsprechend der Bewertungsvorschriften einen bestimmten Betrag zuzuordnen. Das Handelsrecht kennt für die Bewertung verschiedene Ansätze, die im Folgenden beschrieben werden:

Mit „bewerten" ist gemeint, dass Bilanzposten in zeitlich angemessenen finanziellen Größen erfaßt werden müssen.

- **Anschaffungskosten** sind Aufwendungen, die geleistet werden, um einen Vermögensgegenstand zu erwerben und betriebsbereit zu machen (§ 255 Satz 1 HGB).

Anschaffungskosten =		Kaufpreis (Anschaffungspreis)
	+	Anschaffungsnebenkosten
	–	Anschaffungspreisminderungen

- **Herstellungskosten** sind die Aufwendungen für den Verbrauch von Gütern und die Inanspruchnahme von Dienstleistungen für die Herstellung, Erweiterung oder Verbesserung eines Vermögensgegenstandes (§ 255 Abs. 2 HGB).

Herstellungskosten =		Materialkosten (Einzel- und Gemeinkosten)
	+	Fertigungskosten (Löhne, Einzel-u. Gemeinkosten)

- **Fortgeführte Anschaffungskosten/Herstellungskosten** berücksichtigen planmäßige sowie auch außerplanmäßige Abschreibungen (mehr zu Abschreibungen auf S. 161 ff).
- **Börsenpreis/Marktpreis (Tageswert)** ist der an einem Handelsplatz für eine Ware zu einem bestimmten Zeitpunkt gewährte Preis.
- **Rückzahlungsbetrag** ist der Betrag der Verbindlichkeiten, der zur Tilgung aufgewendet werden muss.

Die Bewertung von Aktiva und Passiva ist eine sehr komplizierte Angelegenheit, sowohl in steuerlicher als auch in betriebswirtschaftlicher Hinsicht. Daher ist es für „Anfänger" dringend geraten, sich dabei professionell beraten zu lassen.

Die Bewertung von Vermögen und Schulden in der Handelsbilanz (Steuerbilanz bleibt außen vor!) ist eine Wissenschaft für sich! Deswegen kann dieses Kapitel nur einige wichtige Grundinformationen geben. Für diejenigen, die ihren Jahresabschluss selbst erstellen wollen, ist es notwendig, sich tiefer als es dieses Buch leisten kann, mit dem Thema zu beschäftigen. Für Anfänger ist es jedoch in jedem Falle ratsam, sich mit einem Profi zu beraten, also beispielsweise mit einem Steuerberater.

Zeitliche Abgrenzungen

Am Ende eines Wirtschaftsjahres wird der Jahresabschluss erstellt. Das Wirtschaftsjahr kann mit dem Kalenderjahr übereinstimmen. Ist das Wirtschaftsjahr einer Unternehmung nicht mit dem Kalenderjahr identisch, spricht man von einem abweichenden Wirtschaftsjahr.

Das Wirtschaftsjahr, im Alltag als Geschäftsjahr bezeichnet, umfasst grundsätzlich zwölf Monate (§ 240 Abs. 2 Satz 2 HGB).

§

§ 4a Abs. 1 Satz 2 EStG (Gewinnermittlungszeitraum, Wirtschaftsjahr) sagt:

Wirtschaftsjahr ist

1. bei Land- und Forstwirten der Zeitraum vom 1. Juli bis zum 30. Juni. Durch Rechtsverordnung kann für einzelne Gruppen von Land- und Forstwirten ein anderer Zeitraum bestimmt werden, wenn das aus wirtschaftlichen Gründen erforderlich ist;
2. bei Gewerbetreibenden, deren Firma im Handelsregister eingetragen ist, der Zeitraum, für den sie regelmäßig Abschlüsse machen. Die Umstellung des Wirtschaftsjahres auf einen vom Kalenderjahr abweichenden Zeitraum ist steuerlich nur wirksam, wenn sie im Einvernehmen mit dem Finanzamt vorgenommen wird;
3. bei anderen Gewerbetreibenden das Kalenderjahr.

Grundsätzlich ist es wichtig, dass alle Geschäftsvorfälle, die ein bestimmtes Wirtschaftsjahr betreffen, auch im Abschluss dieses Jahres berücksichtigt werden. Es gibt jedoch Geschäftsvorfälle, bei denen die zeitliche Zuordnung nicht ganz einfach ist. Das ist beispielsweise dann der Fall, wenn eine Zahlung und der dazugehörige Aufwand oder Ertrag nicht in das gleiche Wirtschaftsjahr fallen. Diese Situation liegt z.B. vor, wenn die Kfz-Versicherung über 1.200 DM am 01.03. für ein ganzes Jahr bezahlt wird. Die Zahlung für Januar und Februar des Folgejahres ist dann schon vorweggenommen.

Alle Geschäftsvorfälle, die in einem Jahr angefallen sind, müssen im Jahresabschluss dieses Jahres berücksichtigt werden.

In folgenden Fällen ist eine zeitliche Abgrenzung im Geschäftsalltag notwendig:	
Sonstige Verbindlichkeiten:	Aufwand im alten Jahr, Ausgabe erst im neuen Jahr.
Sonstige Forderungen:	Ertrag im alten Jahr, Einnahme erst im neuen Jahr.
Aktive Rechnungsabgrenzung:	Ausgabe im alten Jahr, Aufwand im neuen Jahr.
Passive Rechnungsabgrenzung:	Einnahme im alten Jahr, Ertrag im neuen Jahr.

Sonstige Verbindlichkeiten Wenn der Aufwand im Jahr der Entstehung noch nicht zu einer Ausgabe führt, dann liegen Sonstige Verbindlichkeiten vor. Die Ausgabe findet erst im Folgejahr statt. Der Aufwand wird auf dem **Konto 'Sonstige Verbindlichkeiten'** verbucht. Diese Sonstigen Verbindlichkeiten dienen also der Erfolgsabgrenzung.

Leicht gemerkt:
Im Gegensatz zu den Erträgen und Aufwendungen fließt bei Einnahmen und Ausgaben immer GELD!

Buchungsbeispiel:

Geschäftsvorfall: Das Heizung- und Sanitärunternehmen Kobold GmbH zahlt die Dezembermiete (das Wirtschaftsjahr endet am 31.12.) für einen Lagerraum in Höhe von 500 DM erst am 12. Januar durch Banküberweisung.

Buchungssatz zum 31.12.: Miete an Sonst. Verbindl. 500 DM

Buchung:

S	Miete		H
S.V.	500 DM		

S	Sonstige Verbindlichkeiten		H
		Miete	500 DM

Buchungssätze:

	Soll	an Haben	Betrag in DM
Abschlussbuchung zum 31.12.:	Sonstige Verbindlichkeiten	SBK	500
Eröffnungsbuchung zum 01.01.:	EBK	Sonstige Verbindlichkeiten	500
Buchungssatz zum 12.01.:	Sonstige Verbindlichkeiten	Bank	500

S	Sonstige Verbindlichkeiten		H
Bank	500 DM	AB	500 DM

S	Bank		H
		S.V.	500 DM

Sonstige Forderungen Wenn der Ertrag im Jahr der Entstehung noch nicht zu einer Einnahme führt liegen Sonstige Forderungen vor. Die Einnahme findet erst im Folgejahr statt. Der Ertrag wird auf dem **Konto 'Sonstige Forderungen'** verbucht. Diese Sonstigen Forderungen dienen ebenfalls der Erfolgsabgrenzung.

Buchungsbeispiel:

Geschäftsvorfall: Das Heizung- und Sanitärunternehmen Kobold GmbH hat einem Kunden ein Darlehen gewährt; die halbjährlich fälligen Zinsen in Höhe von 150 DM hat der Kunde erst nachträglich am 04.01. durch Banküberweisung beglichen.

Buchungssatz zum 31.12.: Sonst. Forderungen an Zinserträge 150 DM

Buchung:

S	Sonstige Forderungen	H
Zins. 150 DM		

S	Zinserträge	H
		S.F. 150 DM

Buchungssätze:

Abschlussbuchung zum 31.12.:

Eröffnungsbuchung zum 01.01.:

Buchungssatz zum 04.01.:

Soll	an Haben	Betrag in DM
SBK	Sonstige Forderungen	150
Sonstige Forderungen	EBK	150
Bank	Sonstige Forderungen	150

S	Bank	H
S.F. 150 DM		

S	Sonstige Forderungen	H
AB 150 DM		Bank 150 DM

Aktive Rechnungsabgrenzung Wenn die Ausgabe im Wirtschaftsjahr teilweise oder ganz Aufwand für ein folgendes Wirtschaftsjahr darstellt, muss eine Aktive Rechnungsabgrenzung vorgenommen werden. Der abzugrenzende Betrag wird über das **Konto 'Aktive Rechnungsabgrenzung'** gebucht.

Buchungsbeispiel:

Geschäftsvorfall: Die Kunst und Grafik GmbH mietet ab 1. November Büroräume. Die Miete von monatlich 1.500 DM wird vierteljährlich im Voraus durch Banküberweisung bezahlt.

Buchungssatz zum 01.11.: Miete an Bank 4.500 DM

Buchung:

S	Miete	H
Bank 4.500 DM		

S	Bank	H
		Miete 4.500 DM

Auf dem Konto Miete ist jetzt eine Ausgabe von 4.500 DM gebucht. 1.500 DM stellen jedoch die Miete für den Januar des Folgejahres dar, d.h. würde das Konto mit 4.500 DM abgeschlossen werden, wäre der Gewinn um 1.500 DM zu niedrig.

Der Teil der Mietausgabe für das Folgejahr muss also abgegrenzt werden. Die zeitliche Abgrenzung erfolgt bei Ausgaben über das dafür eigens angelegte Konto 'Aktive Rechnungsabgrenzung'.

Umbuchung zur Abgrenzung zum 31.12.: Aktive Rechnungsabgrenzung an Miete 1.500 DM

S	Aktive RA		H
Miete	1.500 DM		

S	Miete		H
	4.500 DM	ARA	1.500 DM

Das Konto Miete wird also nur mit 3.000 DM abgeschlossen, das Konto Aktive Rechnungsabgrenzung mit 1.500 DM.

Abgrenzungen müssen nicht erst zum Abschlussstichtag gebucht werden; sie können schon bei der Buchung der jeweiligen Ausgaben berücksichtigt werden.

Buchungssätze:

	Soll	an Haben	Betrag in DM
Schlussbuchungen zum 31.12.:	GuV	Miete	3.000
	SBK	Aktive Rechnungsabgrenzung	1.500
Eröffnungsbuchung zum 01.01.:	Aktive Rechnungsabgrenzung	EBK	1.500
Umbuchungen zur Abgrenzung zum 01.01.:	Miete	Aktive Rechnungsabgrenzung	1.500

S	Miete		H
ARA	1.500 DM		

S	Aktive RA		H
AB	1.500 DM	Miete	1.500 DM

Passive Rechnungsabgrenzung Wenn die Einnahme im Wirtschaftsjahr teilweise oder ganz einen Ertrag für ein folgendes Wirtschaftsjahr darstellt, handelt es sich um eine Passive Rechnungsabgrenzung. Der abzugrenzende Betrag wird über das **Konto 'Passive Rechnungsabgrenzung'** gebucht.

Buchungsbeispiel:

Geschäftsvorfall: Die GrünBau GmbH hat einen Grundstück vermietet. Der Mieter hat die Miete von Dezember bis Februar in Höhe von 3.000 DM zum 1. Dezember durch Banküberweisung gezahlt.

Buchungssatz zum 31.12.: Bank an Grundstückserträge (GE) 3.000 DM

Buchung:

S	Bank		H
GE	3.000 DM		

S	Grundstückserträge		H
		Bank	3.000 DM

Auf dem Konto Grundstückserträge ist jetzt eine Einnahme von 3.000 DM gebucht. 2.000 DM davon sind die Miete für Januar und Februar des Folgejahres, d.h. würde das Konto mit 3.000 DM abgeschlossen werden, wäre der Gewinn um 2.000 DM zu hoch.

Der Teil der Mieteinnahme für das Folgejahr muss also abgegrenzt werden. Die zeitliche Abgrenzung erfolgt bei Einnahmen über das hierfür angelegte Konto 'Passive Rechnungsabgrenzung'.

Umbuchung zur Abgrenzung zum 31.12.: Grundstückserträge (GE) an Passive Rechnungsabgrenzung 2.000 DM

S	Grundstückserträge		H
PRA	2.000 DM		3.000 DM

S	Passive RA		H
		GE	2.000 DM

Das Konto Grundstückserträge wird also nur mit 1.000 DM abgeschlossen, das Konto Passive Rechnungsabgrenzung mit 2.000 DM.

Buchungssätze:	Soll an	Haben	Betrag in DM
Schlussbuchungen zum 31.12.:	Grundstückserträge	GuV	1.000
	Passive Rechnungsabgrenzung	SBK	2.000
Eröffnungsbuchung zum 01.01.:	EBK	Passive Rechnungsabgrenzung	2.000
Umbuchungen zur Abgrenzung zum 01.01.:	Passive Rechnungsabgrenzung	Grundstückserträge	2.000

S	Passive RA		H
GE	2.000 DM	AB	2.000 DM

S	Grundstückserträge		H
		PAR	2.000 DM

Zusammengefasst gilt:

Zeitliche Abgrenzung	Wirtschaftsjahr	Folgejahr (-jahre)
Sonstige Verbindlichkeiten	Aufwand	Ausgabe (Zahlung)
Sonstige Forderungen	Ertrag	Einnahme (Zahlung)
Aktive Rechnungsabgrenzung	Ausgabe (Zahlung)	Aufwand
Passive Rechnungsabgrenzung	Einnahme (Zahlung)	Ertrag

Rückstellungen

Im Geschäftsalltag gibt es Aufwendungen, die wirtschaftlich zum aktuellen Wirtschaftsjahr gehören, die aber erst im Folgejahr zu Ausgaben führen und dabei jedoch in

Höhe und/oder Fälligkeit am Abschlussstichtag noch nicht feststehen. Für diese Verbindlichkeiten, deren Höhe geschätzt werden muss, werden aus

- betriebswirtschaftlichen Erfordernissen und aufgrund
- gesetzlicher Vorschriften

Rückstellungen gebildet.

Rückstellungen dienen, wie Sonstige Verbindlichkeiten auch, der zeitlichen Abgrenzung und damit der periodengerechten Erfolgsermittlung.

Für Aufwendungen, die im Wirtschaftsjahr anfallen, jedoch erst im Folgejahr gezahlt werden müssen, werden Rückstellungen gebildet.

§

§ 249 Abs. 1,2 und 3 HGB (Rückstellungen) sagt:

1. Rückstellungen sind für ungewisse Verbindlichkeiten und für drohende Verluste aus schwebenden Geschäften zu bilden. Ferner sind Rückstellungen zu bilden für

im Geschäftsjahr unterlassene Aufwendungen für Instandhaltung, die im folgenden Geschäftsjahr innerhalb von drei Monaten, oder für Abraumbeseitigung, die im folgenden Geschäftsjahr nachgeholt werden,

Gewährleistungen, die ohne rechtliche Verpflichtungen erbracht werden.

Rückstellungen dürfen für unterlassene Aufwendungen für Instandhaltung auch gebildet werden, wenn die Instandhaltung nach Ablauf der Frist nach Satz 2 Nr. 1 innerhalb des Geschäftsjahres nachgeholt wird.

2. Rückstellungen dürfen außerdem für ihrer Eigenart nach genau umschriebene, dem Geschäftsjahr oder einem früheren Geschäftsjahr zuzuordnende Aufwendungen gebildet werden, die am Abschlussstichtag wahrscheinlich oder sicher, aber hinsichtlich ihrer Höhe oder des Zeitpunktes ihres Eintritts unbestimmt sind.

3. Für andere als in den Absätzen 1 und 2 bezeichneten Zwecke dürfen Rückstellungen nicht gebildet werden. Rückstellungen dürfen nur aufgelöst werden, so weit der Grund hierfür entfallen ist.

Die Rückstellungen sollen sicherstellen, dass ein Unternehmen über liquide Mittel für zukünftige Verbindlichkeiten verfügt. Für wesentliche Posten schreibt der Gesetzgeber die Rückstellungen sogar ausdrücklich vor.

Das Handelsrecht unterscheidet Rückstellungen, die gebildet werden müssen (Passivierungspflicht: § 249 Abs. 1 HGB) und Rückstellungen die gebildet werden dürfen (Passivierungswahlrecht: § 249 Abs. 1 Satz 3 und Abs. 2 HGB).

Passivierungspflicht besteht für:
▪ **ungewisse Verbindlichkeiten,** Beispiele: zu erwartende Steuernachzahlungen (insbesondere die Gewerbesteuer), Jahresabschlusskosten, Prozesskosten, Garantieverpflichtungen, Pensionen;
▪ **drohende Verluste aus schwebenden Geschäften,** Beispiel: erheblicher Preisrückgang von gekauften, jedoch noch nicht gelieferten Rohstoffen;
▪ **unterlassene Aufwendungen für Instandhaltung** die im folgenden Geschäftsjahr innerhalb von drei Monaten nachgeholt werden;
▪ **Gewährleistungen ohne rechtliche Verpflichtungen** (Kulanzleistungen).

Passivierungswahlrecht besteht für:
▪ **unterlassene Instandhaltungsaufwendungen,** die nach drei Monaten, aber noch innerhalb des folgenden Geschäftsjahres nachgeholt werden;
▪ **bestimmte, ihrer Eigenart nach genau umschriebene Aufwendungen,** die dem Geschäftsjahr oder einem früheren Geschäftsjahr zuzuordnen sind. Beispiele: Großreparaturen, Betriebsverlegungen.

Bildung und Auflösung von Rückstellungen Bei der Bildung von Rückstellungen erfolgt die Buchung über das Konto Rückstellungen.

Der Buchungssatz lautet:

Aufwandskonto an Rückstellungen.

Da Rückstellungen aufgrund von Schätzungen gemacht werden, kann es bei ihrer Auflösung zu 'außerordentlichen Aufwendungen' oder 'außerordentlichen Erträgen' kommen. Bei außerordentlichen Aufwendungen ist die erfolgte Zahlung höher als die Rückstellung geschätzt wurde. Bei außerordentlichen Erträgen ist die tatsächliche Zahlung niedriger als geschätzt.

Rückstellungen beruhen auf Schätzungen. Wenn die tatsächlichen Kosten geringer oder höher ausfallen können, können unerwartete Aufwendungen oder Erträge anfallen, die über besonders dafür angelegte Konten zu verbuchen sind.

Buchungsbeispiel:

Geschäftsvorfall: Im November wurde der Auftrag zur Reparatur des Daches einer Lagerhalle erteilt. Aufgrund des schlechten Wetters mussten die Arbeiten unterbrochen werden.
Die Instandhaltungskosten werden auf 16.500 DM geschätzt.

Buchungssatz zur Bildung der Rückstellungen: Instandhaltung an Rückstellungen 16.500 DM

Buchung:

S	Instandhaltung	H
Rück.	16.500 DM	

S	Rückstellungen	H
	Inst.	16.500 DM

Buchungssätze:

	Soll	an	Haben	Betrag in DM
Schlussbuchungen zum 31.12.:	Rückstellungen		SBK	16.500
	GuV		Instandhaltung	16.500
Eröffnungsbuchung zum 01.01.:	EBK		Rückstellungen	16.500

Geschäftsvorfall: Die Dacharbeiten werden im Januar fertig gestellt. Die Rechnung in Höhe von 16.000 DM wird durch Banküberweisung gezahlt.

Buchungssätze zur Auflösung der Rückstellungen:

Soll	an Haben	Betrag in DM
Rückstellungen	Bank	16.000
Rückstellungen	außerordentliche Erträge	500

S	Rückstellungen		H
Bank	16.000 DM	AB	16.5000 DM
a.E.	500 DM		

S	Bank		H
		Rück.	16.000 DM

S	außerord. Erträge		H
		Rückst.	500 DM

Zusammengefasst gilt:

Zeitliche Abgrenzung	Wirtschaftsjahr	Folgejahr (-jahre)
Rückstellungen	Aufwand unsicher bezüglich der Höhe und/oder Fälligkeit	Ausgabe (Zahlung)

Heute ist der letzte Stammtisch in diesem Jahr. Alle sind ganz fröhlich und freuen sich auf Weihnachten und das neue Jahr. Nur Stefan ist etwas betrübt – er schildert den Stammtischlern sein Problem:

„Vor ein paar Wochen haben ich einen Auftrag bekommen. Er ist für meine Verhältnisse recht groß: In einer neu gebauten Einkaufspassage haben wir den Auftrag für den Einbau aller Fenster bekommen. Mit dem Auftraggeber ist ein Festpreis von 250.000 DM vereinbart. Jetzt ist es zu Verzögerungen gekommen, wir haben zum Jahresende noch nicht einmal mit dem Einbau begonnen und uns laufen die Kosten davon. Schon jetzt muss ich mit Herstellungskosten von 270.000 DM kalkulieren."

Die anderen verstehen Stefans Trübsinn. Katrin meint: „Stefan, an dem Tatbestand, dass dir die Kosten davon laufen, kann ich nichts ändern, aber ich kann dir sagen, was der Gesetzgeber in diesem Fall für deinen Jahresabschluss vorschreibt: Du musst in Höhe von 20.000 DM Rückstellungen bilden, die dem drohenden Verlust aus dem schwebenden Geschäft entsprechen."

„Ein Trost ist das zwar nicht!", sagt Stefan. „Aber so weist mein Jahresabschluss nicht plötzlich einen Gewinn aus, den ich gar nicht gemacht habe!"

Abschreibung der Anlagegüter

§ 253 Abs. 2 HGB sagt:

Bei Vermögensgegenständen des Anlagevermögens, deren Nutzung zeitlich begrenzt ist, sind die Anschaffungs- und Herstellungskosten um planmäßige Abschreibungen zu vermindern. Der Plan muss die Anschaffungs- oder Herstellungskosten auf die Geschäftsjahre verteilen, in denen der Vermögensgegenstand voraussichtlich genutzt werden kann. Ohne Rücksicht darauf, ob ihre Nutzung zeitlich begrenzt ist, können bei Vermögensgegenständen außerplanmäßige Abschreibungen vorgenommen werden, um die Vermögensgegenstände mit dem niedrigeren Wert anzusetzen, der ihnen am Abschlussstichtag beizulegen ist; sie sind vorzunehmen bei einer voraussichtlich andauernden Wertminderung.

§

Es gibt Gegenstände des Anlagevermögens, deren Nutzungsdauer nicht zeitlich begrenzt ist. Ein Beispiel für unbegrenzte Nutzungsmöglichkeit ist Grund und Boden. Im Allgemeinen ist die Nutzungsdauer von Anlagegütern jedoch zeitlich beschränkt – die Sachanlagen verlieren im Laufe ihrer Nutzung an Wert. Die Gründe der Wertminderung der abnutzbaren Anlagegüter sind

- die Nutzung, z.B. der Verschleiß oder der Substanzabbau (Erdölförderung, Bergbau),
- der technische Fortschritt, z.B. im Bereich der EDV,
- der Zeitablauf, z.B. bei Rechten und Patenten.

Im Laufe ihrer Nutzungsdauer verlieren Anlagegüter naheliegenderweise durch Abnutzung oder technologische Fortentwicklung an Wert. Dies muss bei der Bewertung der Anlagegüter berücksichtigt werden.

Der Praxistipp

Wenn Sie bei der Eröffnung eines Betriebes Gegenstände einbringen, die Sie zu einem früheren Zeitpunkt privat gekauft haben, dann sind bei dieser Einlage aus Privatvermögen die früheren Anschaffungskosten, vermindert um fiktive Abschreibungen anzusetzen.

Im Steuerrecht werden Abschreibungen als **Absetzungen für Abnutzung (AfA)** bezeichnet.

Um diese Wertminderung im Rahmen der Buchführung aufzuzeigen und zu erfassen, werden Abschreibungen durchgeführt, d.h. die Wertminderung wird in Geld bewertet und von den ursprünglichen Anschaffungs- oder Herstellungskosten eines Gegenstandes abgezogen.

Man kann diese Abschreibungen **planmäßig** vornehmen oder, bei unvorhersehbaren Wertminderungen, **außerplanmäßig.** Schlägt beispielsweise der Blitz auf dem Unternehmensgelände ein und zerstört einen Teil der EDV-Anlage, so handelt es sich um eine unvorhersehbare größere Wertminderung.

Im Steuerrecht heißen Abschreibungen kurz AfA.

Abschreibungen stellen also betrieblichen Aufwand dar und schmälern den Gewinn. Man führt deshalb das **Aufwandskonto 'Abschreibungen'.**

Buchungsbeispiel:

Geschäftsvorfall: Der PKW der Unternehmung ist mit 20.000 DM in der Bilanz erfasst. Für das laufende Geschäftsjahr wird eine Wertminderung von 4.000 DM angesetzt.

Buchungssätze zum 31.12.:

Soll	an Haben	Betrag in DM
Abschreibungen	PKW	4.000
GuV	Abschreibungen	4.000
SBK	PKW	16.000

Buchung:

S	Abschreibungen		H
PKW	4.000 DM	GuV	4.000 DM

S	PKW		H
AB	20.000 DM	Abschr.	4.000 DM
		SBK	16.000 DM

S	GuV		H
Abschr	4.000 DM		

S	SBK		H
PKW	16.000 DM		

Planmäßige Abschreibung

Die Höhe einer planmäßigen Abschreibung hängt einerseits von der voraussichtlichen Nutzungsdauer und der verwendeten Abschreibungsmethode ab.

Die voraussichtliche Nutzungsdauer eines Gegenstandes könnte prinzipiell bei jedem genutzten Gegenstand individuell geschätzt werden. Da der damit verbundene Arbeitsaufwand jedoch sehr groß wäre, hat das Bundesfinanzministerium amtliche AfA-Tabellen herausgegeben. Darin wird die voraussichtliche Nutzungsdauer für die gängigsten Gegenstände angegeben.

Für die Abschreibungssätze gibt es amtliche AfA-Tabellen, die beim Finanzamt erhältlich sind.

Auszug aus einer amtlichen AfA-Tabelle:

Gegenstand	Nutzungsdauer	linearer AfA-Satz in %
PKW (bei Anschaffung ab 1993)	5 Jahre	20 %
Gebrauchtfahrzeuge innerhalb von 2-3 Jahren, z.B.: Ein PKW wurde gebraucht gekauft für 9.000 DM. Er kann über 3 Jahre linear abgeschrieben werden. Pro Jahr können 3.000 DM angesetzt werden.	3 Jahre	$33,\overline{33}$ %
Betriebs- und Geschäftsausstattung Einrichtungen für Büros, Werkstätten, Lager, z.B. Schreibtische, Schränke, Regale, Stühle, Sessel, Lampen.	10 Jahre	10 %
Ladeneinrichtungen	8 Jahre	12,5 %
Büromaschinen z.B. Diktiergeräte, Kopierer, Registrierkassen, Schreibmaschinen.	5 Jahre	20 %
Beispiel: Computer	4 Jahre	25 %

Abschreibungsmethoden

Bei den planmäßigen Abschreibungen unterscheidet man folgende Abschreibungsmethoden:

- lineare Abschreibung (gleich bleibende Beträge),
- degressive Abschreibung (fallende Beträge),
- progressive Abschreibung (steigende Beträge),
- Leistungsabschreibung.

Ermittlung der linearen Abschreibung: Anschaffungskosten ÷ Nutzungsdauer = Abschreibung / Jahr

Lineare Abschreibung Bei der linearen Abschreibung werden die Anschaffungs- oder Herstellungskosten von Anlagegütern gleichmäßig auf die geschätzte Nutzungsdauer verteilt, d.h. die Abschreibungsbeträge sind jedes Jahr gleich hoch.

Beispiel: Eine Computeranlage, deren Anschaffungskosten 20.000 DM betragen, wird in vier Jahren linear abgeschrieben – der Abschreibungsbetrag pro Jahr beträgt 5.000 DM.

Ermittlung der degressiven Abschreibung: Vom Buchwert können, verteilt über die Nutzungsdauer, pro Jahr maximal 30 % abgezogen werden. Der Prozentsatz orientiert sich am linearen Satz.

Degressive Abschreibung Bei der degressiven Abschreibung erfolgt die Abschreibung im ersten Jahr von den Anschaffungs- oder Herstellungskosten, in den folgenden Jahren der geschätzten Nutzungsdauer vom jeweiligen Restwert (Buchwert).

Die jährlichen Abschreibungsbeträge sind also fallend, der Restwert kann nicht Null werden. Er wird im letzten Jahr der geschätzten Nutzungsdauer voll abgeschrieben.

Steuerrechtlich erlaubt ist diese Methode nur, wenn

- der degressive Abschreibungssatz nicht höher als das Dreifache des linearen Abschreibungssatzes ist und
- der degressive Abschreibungssatz 30% nicht übersteigt.

Ermittlung der linearen Abschreibung:
Anschaffungs- bzw. Herstellkosten geteilt durch voraussichtliche Nutzungsdauer = Abschreibungsbetrag pro Jahr.

Ermittlung der degressiven Abschreibung:
Der Abschreibungsbetrag orientiert sich am linearen Satz und darf maximal ein Dreifaches des linearen Satzes betragen.

Beispiel: Die Telefonanlage, deren Anschaffungskosten 10.000 DM betragen, wird degressiv mit 30 % über 8 Jahre abgeschrieben.

Anschaffungswert 1. Jahr:	10.000 DM	Abschreibung 1. Jahr: 30 % von 10.000 DM = 3.0000 DM
Buchwert im 2. Jahr:	7.000 DM	Abschreibung 2. Jahr: 30 % von 7.000 DM = 2.100 DM
Buchwert im 3. Jahr:	4.900 DM	Abschreibung 3. Jahr: 30 % von 4.900 DM = 1.470 DM
Buchwert im 4. Jahr:	3.430 DM	Abschreibung 4. Jahr: 30 % von 3.430 DM = 1.029 DM
Buchwert im 5. Jahr:	2.401 DM	Abschreibung 5. Jahr: 30 % von 2.401 DM = 720,30 DM
Buchwert im 6. Jahr:	1.680,70 DM	Abschreibung 6. Jahr: 30 % von 1.680,70 DM = 504,21 DM
Buchwert im 7. Jahr:	1.176,49 DM	Abschreibung 7. Jahr: 30 % von 1.176,49 DM = 352,95 DM
Buchwert im 8. Jahr:	823,54 DM	Abschreibung 8. Jahr: 30 % von 823,54 DM = 247,06 DM
Restwert	576,48 DM	+ 576,48 DM
Erinnerungswert		1 DM

Die Möglichkeiten zum Wechsel zwischen Abschreibungsmethoden sind eingeschränkt, weil die Abschreibung den tatsächlichen Wertverlust spiegeln soll und nicht zu wirtschaftlichen Vorteilen verhelfen soll.

Ein Wechsel von der degressiven zur linearen Abschreibung ist steuerrechtlich erlaubt, der umgekehrte Weg nicht.

Alternative im 6. Jahr: Wechsel zur linearen Abschreibung:

1.680,70 DM ÷ 3 Jahre (Restzeit) =
560,23 DM Abschreibung pro Jahr.

Leistungsabschreibung Bei der Leistungsabschreibung wird als Kriterium nicht die geschätzte Nutzungsdauer zugrunde gelegt, sondern die tatsächliche nachweisbare Leistung (§ 7 Abs. 1 Satz 3 EStG) innerhalb des Wirtschaftsjahres. Basis ist dann die geschätzte Gesamtleistung des Anlagegutes.

Beispiel: Im Unternehmen wurde ein Maschine für 8.000 DM gekauft. Die geschätzte Gesamtleistung der Maschine beträgt 10.000 Stunden. Im vergangenen Geschäftsjahr hatte die Maschine eine Leistung von 1.500 Stunden.

Die Leistungsabschreibung beträgt:

8.000 DM × 1.500 Std./Jahr ÷ 10.000 Stunden =
1.200 DM/Jahr

für das vergangene Jahr.

Für eine korrekte Bilanzerstellung genügt die Buchung aller Abschreibungen am Jahresende. Will man jedoch aussagefähige Informationen innerhalb eines Wirtschaftsjahres haben, dann lohnt sich eine monats- oder quartalsmäßige Buchung der Abschreibungen.

Vorteil der leistungsbezogenen Abschreibung ist, dass der buchhalterische Werteverbrauch den tatsächlichen Werteverbrauch besser abbildet als bei anderen Methoden.

Der Übergang von einer Leistungsabschreibung zur degressiven Abschreibung ist nicht erlaubt, einen Wechsel zur linearen Abschreibung lässt das Steuerrecht zu.

Als **Erinnerungswert** wird bei allen Methoden im letzen Jahr der betriebsgewöhnlichen Nutzungsdauer eines Anlagevermögens 1 DM in der Buchführung stehen gelassen. Der Erinnerungswert wird ausgebucht, wenn das Anlagegut ausscheidet, also beispielsweise verschrottet wird.

Michael, der im Laufe dieses Geschäftsjahres gleichzeitig mit seiner neuen Buchführungssoftware auch eine große Computeranlage für seinen Großhandel gekauft hat, ist etwas verwundert, wie schnell diese Dinge doch veralten. Beim Stammtisch erzählt er, dass er in einer Beilage der heutigen Zeitung einen Rechner gesehen hat, der in der Ausstattung dem von ihm vor 10 Monaten gekauften Rechner sehr ähnlich ist. Doch während sein Rechner damals annähernd 5.000 DM gekostet hat, hatte der Rechner in der Anzeige einen Preis von 2.600 DM. „Der Rechner kostet heute also nur noch fast die Hälfte! Und die Standardsoftware, die ich damals gekauft habe, ist heute auch schon wieder in einer neuen Version zu bekommen!“, berichtet er.

„Reg' dich doch nicht auf!“, sagt Jakob, „vermutlich kannst du die Sachen doch abschreiben und dir spätestens im nächsten Jahr einen neuen Rechner kaufen!“

„Oh nein!“, korrigiert Katrin, „die meisten Anwender sind der Meinung, dass alles, was zur EDV gehört, so schnelllebig ist, dass man spätestens nach zwei Jahren alles komplett abschreiben sollte. Das denken auch einige Mandanten in unserem Steuerbüro. Die Finanzbehörden sehen das allerdings anders. Computer müssen mindestens über vier Jahre abgeschrieben werden!“

„Aber das ist doch realitätsfremd!“, wirft Stefan ein.

„Wenn du deinen veralteten Computer durch ein neues Gerät ersetzt, dann kannst du den verbleibenden Restwert als 'Absetzung für außergewöhnliche wirtschaftliche oder technische Absetzung' geltend machen“, erklärt Katrin.

„Wenn du ansonsten eine Abschreibungsdauer unter vier Jahren durchsetzen möchtest, dann musst du schlüssig darlegen, warum mit einer früheren Abnutzung zu rechnen ist. Das ist allerdings extrem schwer!“, erläutert sie weiter.

„Um die Abschreibung zu erhöhen, kannst du aber, das ist ein kleiner Trick, eine Sonderabschreibung durchführen. Nach § 7g EStG dürfen kleine und mittlere Betriebe, die bestimmte Voraussetzungen erfüllen, bis zu 20 % Sonderabschreibung auf ein bewegliches Anlagegut geltend machen“, rät sie Stefan.

Stefan ist von der Idee begeistert und schreibt seinen Rechner einmalig mit 20% ab. Außerdem verwendet er die degressive Abschreibungsmethode mit einem Satz von 30%. Damit hat er die tatsächliche Abnutzung seiner EDV ganz gut abgebildet.

Vereinfachte Abschreibung

Ab 01.07. eines Jahres kann nur noch der halbe Abschreibungssatz geltend gemacht werden. Geringwertige, selbstständig nutzbare Wirtschaftsgüter mit einem Wert unter 800,– DM können im Jahr der Anschaffung vollständig abgeschrieben werden.

Es gibt zwei Vereinfachungsregeln für die Abschreibung, die sich unter folgenden Faustformeln zusammenfassen lassen:

1. **Vereinfachungsregel**
   Bei Anschaffungen vor dem 30.06. eines Jahres ist der Abschreibungssatz in voller Höhe geltend zu machen, ab dem 01.07. nur noch zur Hälfte.
2. **Geringwertige Wirtschaftsgüter**
   Selbstständig nutzbare Wirtschaftsgüter mit einem Wert unter 800,– DM können im Anschaffungsjahr komplett abgeschrieben werden.

Als geringwertig gelten Wirtschaftsgüter, deren Anschaffungswert unter 800,– DM liegt. Unter der Voraussetzung, dass sie selbstständig nutzbar sind, können sie im Jahr der Anschaffung vollständig abgeschrieben werden. Nicht selbstständig nutzbar ist beispielsweise ein Drucker, der ohne PC ja nicht zu betreiben wäre, oder beispielsweise ein Anrufbeantworter, dessen Betrieb von der Telefonanlage abhängt.

Auswertung des Jahresabschlusses

Auch wenn ein Kaufmann seinen Jahresabschluss nicht unbedingt selbst erstellen können muss und Profis ans Werk lassen kann, so muss er seine betrieblichen Zahlen dennoch auswerten können.

Die Auswertung des Jahresabschlusses ist für den Kaufmann keine gesetzliche Pflicht! Es ist vielmehr eine Chance für den Unternehmer, den Erfolg seines Unternehmen einzuschätzen und Verbesserungen vorzunehmen.

Der Kaufmann hat bei der Aufstellung seines Jahresabschlusses einen erheblichen Bilanzierungs- und Bewertungsspielraum, den er auch benötigt, um die Vielfalt der tatsächlichen Gegebenheiten abbilden zu können. Dieser Spielraum kann natürlich auch zur Ergebnisbeeinflussung genutzt werden. Aus Erfahrung weiß man, dass der Kaufmann bei einer guten wirtschaftlichen Entwicklung dazu neigt, das Vorsichtsprinzip sehr eng auszulegen, bei schlechteren Entwicklungen werden hingegen oft gewagtere Bewertungen vorgenommen.

Der Gesetzgeber hat Bewertungs- und Auslegungsspielräume für den Kaufmann eingeräumt. Die Ausnutzung dieser Spielräume im Rahmen der gesetzlichen Möglichkeiten ist sinnvoll und notwendig, um die tatsächliche Situation so gut wie möglich abzubilden.

Die Nutzung dieses Bewertungs- und Auslegungsspielraums ist, solange dies im gesetzlichen Rahmen erfolgt, durchaus in Ordnung.

Um die Daten eines Jahresabschlusses analysieren und auswerten zu können, müssen alle Informationen des Jahresabschlusses, also von Bilanz, Gewinn- und Verlustrechnung und Anhang ausgewertet werden. Dazu gibt es zwei Möglichkeiten:

- den **innerbetrieblichen** Vergleich, d.h. den Vergleich der Jahresabschlüsse einer Unternehmung über mehrere Jahre hinweg und
- den **außerbetrieblichen** Vergleich, also einen Vergleich der Jahresabschlüsse mehrerer Unternehmen, die z.B. eine ähnliche Struktur haben oder einer vergleichbaren Branche angehören.

Die Vergleichbarkeit wird durch die Strukturierung des Jahresabschlusses, durch Zusammenfassungen und Untergliederungen einzelner Posten sowie durch die Erstellung von so genannten Kennzahlen gewährleistet.

Gliederung und Kennzahlen machen den Vergleich von Jahresabschlüssen möglich.

Eine Bilanz gibt grundsätzlich Auskunft über die
▪ **Finanzierung** eines Unternehmens (Kapitalstruktur)
▪ **Vermögensaufbau** eines Unternehmens,
▪ **Anlagendeckung** eines Unternehmens (Investitionen),
▪ **Zahlungsfähigkeit** eines Unternehmens (Liquidität).

Für die Analyse der einzelnen Bereiche gibt es eine Vielzahl von Kennzahlen. Eine Auswahl davon wird Ihnen im Folgenden vorgestellt:

Finanzierungskennzahlen Im Bereich Finanzierung eines Unternehmens (Kapitalstruktur), sind die gängigsten Kennzahlen:

Kennzahl:

Anteil Eigenkapital: $\frac{\text{Eigenkapital} \times 100}{\text{Gesamtkapital}}$

Grad der Verschuldung: $\frac{\text{Fremdkapital} \times 100}{\text{Gesamtkapital}}$

Anteil langfristiges Fremdkapital: $\frac{\text{langfristiges Fremdkapital} \times 100}{\text{Gesamtkapital}}$

Anteil kurzfristiges Fremdkapital: $\frac{\text{kurzfristiges Fremdkapital} \times 100}{\text{Gesamtkapital}}$

Kapitalstrukturkennzahl Um den Vermögensaufbau eines Unternehmens zu beurteilen, verwendet man u.a. folgende Kennzahlen:

Kennzahl:

Anteil des Anlagevermögens: $\frac{\text{Anlagevermögen} \times 100}{\text{Gesamtvermögen}}$

Anteil des Umlaufvermögens: $\frac{\text{Umlaufvermögen} \times 100}{\text{Gesamtvermögen}}$

Vorratsquote: $\frac{\text{Vorräte} \times 100}{\text{Gesamtvermögen}}$

Forderungsquote: $\frac{\text{Forderungen} \times 100}{\text{Gesamtvermögen}}$

Investitionskennzahl Die Anlagendeckung eines Unternehmens kann mit Hilfe des Deckungsgrads analysiert werden:

Beispiel:

Deckungsgrad I $$\frac{\text{Eigenkapital} \times 100}{\text{Anlagevermögen}}$$

Deckungsgrad II $$\frac{(\text{Eigenkapital} + \text{langfristiges Fremdkapital}) \times 100}{\text{Anlagevermögen}}$$

Deckungsgrad III $$\frac{\text{Eigenkapital} + \text{langfristiges Fremdkapital}}{\text{Anlagevermögen} + \text{Vorratsvermögen}}$$

Liquiditätskennzahl Und die Zahlungsfähigkeit eines Unternehmens, also die Möglichkeit seine offenen Rechnungen rechtzeitig zu begleichen, kann mit Hilfe von Liquiditätskennzahlen beurteilt werden:

Beispiel:

Liquidität I $$\frac{\text{flüssige Mittel} \times 100}{\text{kurzfristiges Fremdkapital}}$$

Liquidität II $$\frac{(\text{flüssige Mittel} + \text{Forderungen}) \times 100}{\text{kurzfristiges Fremdkapital}}$$

Liquidität III $$\frac{\text{Umlaufvermögen} \times 100}{\text{kurzfristiges Fremdkapital}}$$

Die Kennzahlen sind also Maßstabswerte für den Vergleich innerbetrieblicher sowie unternehmensübergreifender Größen. Sie ermöglichen es, die verschiedenen Größen in leicht fassbaren Zahlen in ein sinnvolles Verhältnis zueinander zu setzen.

Aufgaben

1. Welche Angaben sind in einem Anhang zu machen?
2. Was versteht man unter dem Grundsatz der Vorsicht bei der Erstellung des Jahresabschlusses?
3. Was versteht man unter Herstellungskosten?
4. Buchen Sie folgende Geschäftsvorfälle
   - beim Jahresabschluss zum 31.12. und
   - zum Zeitpunkt des Zahlungseingangs bzw. -ausgangs.
   - Die Zahlungen erfolgen per Banküberweisung.

   a) Sie begleichen die Miete von 1.500 DM pro Monat für November und Dezember erst am 16.01. des Folgejahres.

   b) Ihre Bank schreibt Ihnen Ihre Zinsen in Höhe von 470 DM für die Zeit vom 01.10. bis 31.12. erst am 02.01. des Folgejahres gut.
5. Buchen Sie die folgenden Geschäftsvorfälle auf die entsprechenden Konten.
   Führen Sie die zeitliche Abgrenzung zum 31.12. durch.
   Welche Buchungen erfolgen im neuen Jahr?
   Die Zahlungen erfolgen per Banküberweisung.

   a) Sie bezahlen Ihre Fachzeitschrift zum 1. November für die nächsten drei Monate im Voraus. Die Zeitschrift kostet pro Monat 24,70 DM.

   b) Am 27.11. geht auf Ihrem Konto die Miete in Höhe 3.000 DM für Dezember bis Februar für ein vermietetes Grundstück ein.
6. In welchen Fällen müssen Rückstellungen gebildet werden?
7. In welchen Fällen dürfen Rückstellungen gebildet werden?
8. Schreiben Sie unter Berücksichtigung der amtlichen AfA-Tabelle (Seite 163) folgende Anlagegüter linear ab:
   - neuer PKW 25.000 DM
   - Kopierer 8.500 DM
   - 3 Schreibtischstühle je 1.200 DM
9. Welche Möglichkeiten zur Auswertung des Jahresabschlusses gibt es?

Die Lösungen zu diesen Aufgaben finden sich auf Seite 196.

ABC der Buchführung

von A wie Abschreibung bis Z wie Zuständiges Finanzamt

A

Abschreibung (Steuerrecht: Absetzung für Abnutzung = AfA) Abschreibungen werden bei Gegenständen des →Anlagevermögens durchgeführt. Die Wertminderung, die ein Gegenstand durch seine Nutzung oder den Zeitverlauf erfährt, wird in Geld bewertet und von den ursprünglichen →Anschaffungs- oder Herstellungskosten abgezogen. Man kann diese Abschreibungen planmäßig vornehmen oder, bei unvorhersehbaren Wertminderungen, außerplanmäßig.

Aktivkonto Aus allen Beständen einer Bilanz die auf der linken Seite (Aktiva) aufgeführt sind, werden einzelne Konten gebildet, so genannte Aktivkonten.

Anfangsbestand Der Anfangsbestand eines Sachkontos entspricht dem Wert der entsprechenden Position in der →Bilanz (bzw. dem →Inventar) zum Beginn des Geschäftsjahres.

Anhang Der Anhang ist neben der →Bilanz und der →GuV-Rechnung Bestandteil des Jahresabschlusses bei Kapitalgesellschaften. Im Anhang sind nähere Angaben zu den einzelnen Posten der Bilanz und der GuV-Rechnung, sowie Erläuterungen zu verwendeten Methoden enthalten.

Anlagevermögen Das Anlagevermögen ist der Teil des Vermögens einer Unternehmung, der zur längerfristigen Nutzung, jedoch nicht zum Verbrauch bestimmt ist.

Anschaffungskosten Unter Anschaffungskosten versteht man die →Aufwendungen, die geleistet werden, um einen Vermögensgegenstand zu erwerben und betriebsbereit zu machen.

Aufbewahrungspflicht Der Gesetzgeber gibt vor, wie lange und in welcher Form die einzelnen Unterlagen der Buchführung aufbewahrt werden müssen. Es gilt:

10 Jahre Aufbewahrungspflicht für	Handelsbücher, Inventare, Eröffnungsbilanzen, Jahresabschlüsse, Lageberichte, Konzernabschlüsse, Konzernlageberichte und zum Verständnis notwendige Arbeitsanweisungen sowie Organisationsunterlagen.
6 Jahre Aufbewahrungspflicht für	Empfangene Handelsbriefe, Wiedergabe abgesandter Handelsbriefe, Buchungsbelege.

Aufwendungen Unter Aufwendungen versteht man Kosten, die betrieblich bedingt sind und durch die das →**Eigenkapital** eines Betriebs innerhalb eines Geschäftsjahres verringert wird.

Aufzeichnungspflicht Ein Kaufmann ist nach Steuer- und/ oder Handelsrecht verpflichtet, Aufzeichnungen über seine Geschäfte zu machen. Der Gesetzgeber setzt auch fest, wie die Aufzeichnungen geführt werden müssen.

B

Beleg Ein Beleg ist ein schriftliches Dokument, das einem Geschäftsvorfall zugrundeliegt und die Richtigkeit der damit zusammenhängenden Buchung nachweist (bzw. belegt!).

Bestandskonto Die →**Anfangsbestände** der einzelnen Positionen in der →**Bilanz** werden zu Beginn eines Geschäftsjahres auf sogenannte Bestandskonten verteilt. Die Bestände der linken Bilanzseite (Aktiva) werden auf Aktivkonten gebucht, die der rechten Bilanzseite (Passiva) auf Passivkonten. Sie werden über das →**Schlussbilanzkonto** abgeschlossen.

Bestandsveränderungen Unter Bestandsveränderungen versteht man den Unterschied der Menge von Waren zu Beginn eines Geschäftsjahres gegenüber dem Geschäftsjahresende. Werden mehr Waren verkauft als eingekauft, bzw. auf Lager genommen, spricht man von einer Bestandsminderung. Wenn die Wareneingänge größer als die Warenausgänge sind spricht man von einer Bestandsmehrung.

Betriebliches Rechnungswesen Als betriebliches Rechnungswesen bezeichnet man die zahlen- und wertmäßige Erfassung der betrieblichen Vorgänge in einer Unternehmung. Zum betrieblichen Rechnungswesen gehören die Teilbereiche Buchführung, →**Kosten- und Leistungsrechnung, Statistik und Planungsrechnung.**

Betriebsausgaben Unter Betriebsausgaben versteht man die Ausgaben, die durch den Betrieb veranlasst sind. Dabei ist zu beachten, dass nicht alle Betriebsausgaben uneingeschränkt steuerlich abzugsfähig vom →**Gewinn** sind.

Bilanz (ital. bilancia = Waage) Eine Bilanz wird zu Beginn eines Unternehmens und am Ende eines jeden Geschäftsjahres erstellt. Sie zeigt das Verhältnis des Vermögens zu den Schulden. Die Bilanz stellt eine Kurzform des →**Inventars** in Kontenform dar. Auf der linken Seite (Aktiva) steht das Vermögen während auf der rechten Seite (Passiva) das →**Eigenkapital** und die Verbindlichkeiten stehen.

Buchführungspflicht Sowohl Handelsgesetz als auch Steuergesetz regeln, dass jeder Kaufmann verpflichtet ist, Bücher zu führen.

Buchhalternase In der Bilanz und einzelnen Konten werden vorhandene Freiräume „durchgestrichen“, d.h. durch einen diagonal verlaufenden Strich entwertet, der waagerecht beginnt und endet.

C

Controlling Das Controlling ist ein Instrument zur Führung eines Unternehmens, mit dem Unternehmensabläufe überwacht sowie unternehmensnotwendige Informationen bereitgestellt werden. Das Controlling greift größtenteils auf Daten des →**betrieblichen Rechnungswesens** zurück.

D

Dialogverfahren Das Dialogverfahren ist ein Verfahren der Datenerfassung, das bei der Buchführung mit EDV zur Anwendung kommt. Dabei geht jeder geschriebene Datensatz (Buchungssatz) unmittelbar in die aktuelle Buchführung ein. Eine Alternative ist das Verfahren der →**Stapelverarbeitung**

Doppik Der Begriff Doppik steht für die doppelte Buchführung, deren Grundprinzip darin besteht, dass jeder Geschäftsvorfall mindestens zweimal erfasst, bzw. gebucht wird.

E

Eigenkapital Eigenkapital ist das Kapital, dass vom Inhaber oder den Gesellschaftern einer Unternehmung eingebracht wird. Das Kapital kann dem Unternehmen durch Einlagen oder nicht entnommene Gewinne zugeführt werden.

Eigenkapitalkonto Das Eigenkapitalkonto ist ein passives →Bestandskonto, über das alle →Erfolgskonten mit Hilfe des Gewinn- und Verlustkontos abgeschlossen werden sowie alle Privateinlagen und -entnahmen erfasst werden.

Einheitswert Unter dem Einheitswert des Betriebsvermögens versteht man den durch das Finanzamt festgesetzte Wert der Vermögensmassen. Er ist u.a. Grundlage für die Berechnung der Steuern, die sich auf das Vermögen beziehen, wie z.B. Vermögensteuer oder Erbschaftsteuer.

Einnahmenüberschussrechnung Wenn keine Buchführungspflicht besteht, kann die Gewinnermittlung in Form einer einfachen Gegenüberstellung von Einnahmen und Ausgaben erfolgen.

Erfolgskonten Als Erfolgskonten gibt es Aufwands- und Ertragskonten. Es handelt sich dabei um Unterkonten des →Eigenkapitalkontos die über die →Gewinn- und Verlustrechnung abgeschlossen werden. Auf ihnen werden alle →Aufwendungen und →Erträge des laufenden Geschäftsjahres einer Unternehmung erfasst. Sie dienen der besseren Übersicht.

Eröffnungsbilanzkonto Beim Eröffnungsbilanzkonto handelt es sich um ein Hilfskonto der Buchführung. Es hat lediglich die Aufgabe, die Gegenbuchungen der Eröffnungsbuchungen der Bestandskonten aufzunehmen, damit das Prinzip der doppelten Buchführung nicht durchbrochen wird.

Erträge Unter Erträgen versteht man Leistungen, die betrieblich erbracht werden und durch die das →Eigenkapital eines Betriebes vergrößert wird.

F

Freiberufler sind selbstständig Tätige, die keinen land- oder forstwirtschaftlichen Betrieb haben. Dazu gehören selbstständig ausgeübte wissenschaftliche, künstlerische, schriftstellerische, unterrichtende oder erzieherische Tätigkeiten. Ebenso gehört dazu die selbstständige Tätigkeit von Ärzten, Anwälten, Ingenieure, Architekten, Wirtschaftsprüfern, Steuerberatern, beratenden Volks- und Betriebswirten, Heilpraktikern, Krankengymnasten und ähnlichen Berufen.

Fremdkapital Werden Mittel zum Kauf von Vermögensgegenständen von Dritten außerhalb des Unternehmens (z.B. Banken) zur Verfügung gestellt, spricht man von Fremdkapital.

G

Geschäftsjahr (Wirtschaftsjahr) Das Geschäftsjahr umfasst grundsätzlich zwölf Monate, kann aber entsprechend dem Gesetz, bzw. in Absprache mit dem →**zuständigen Finanzamt** vom Kalenderjahr abweichen.

Gewinn In der →**GuV-Rechnung** ist der Gewinn die positive Differenz zwischen den Erträgen und den Aufwendungen einer Unternehmung innerhalb eines Geschäftsjahres, d.h. die Erträge sind größer als die Aufwendungen. In der →**Bilanz** ist der Gewinn die Erhöhung des Eigenkapitals vom Beginn eines Geschäftsjahres bis zum Ende unter Berücksichtigung von →**Privateinlagen und -entnahmen**.

Gewinn- und Verlustrechnung (GuV) Die Gewinn- und Verlustrechnung ist die Gegenüberstellung aller →**Erträge** und →**Aufwendungen** innerhalb eines Geschäftsjahres. Dies erfolgt auf dem Gewinn- und Verlustkonto.

Grundsätze ordnungsmäßiger Buchführung (GoB) Die GoB sind nach Gesetz (§ 238 Abs. 1 HGB) die Grundlage der Buchführung. Aus den GoB geht hervor, wie die Buchführung nach Form und Inhalt gestaltet sein muss. Die GoB sind nirgends zusammenhängend festgehalten, sondern ergeben sich aus dem Gesetz, der Rechtsprechung, der betriebswirtschaftlichen Praxis, der wissenschaftlichen Diskussion und dem so genannten gesunden Menschenverstand.

Grundsätze ordnungsmäßiger Speicherbuchführung (GoS) Die GoS ergänzen die →**GoB** im Hinblick auf die inhaltlichen und formalen Anforderungen der Buchführung bei Nutzung von Datenverarbeitungsanlagen und Speicherung der Daten auf Datenträgern.

H

Handelsregister Das Handelsregister gibt Auskunft über die rechtlichen Verhältnisse eines Unternehmens. Es kann von jedem eingesehen werden, der sich über Unternehmen informieren will. Es gibt Auskunft über die genaue Firmenbezeichnung, Sitz und Geschäftsgegenstand, Inhaber oder Gesellschafter, Gesellschaftsvertrag, Kapitalverhältnisse und die Namen von Geschäftsführern und Prokuristen von eingetragenen Unternehmen.

Herstellungskosten Unter Herstellungskosten versteht man die Aufwendungen für den Verbrauch von Gütern und die Inanspruchnahme von Dienstleistungen, die erbracht werden um einen Vermögensgegenstand zu verbessern, zu erweitern oder herzustellen.

I

Inventar Die Auflistung des bei einer →**Inventur** festgestellten Vermögens und der Schulden nennt man Inventar.

Inventur Jeder Kaufmann muss zu Beginn seiner Geschäftstätigkeit, bei Auflösung oder Verkauf seines Unternehmens und am Ende jedes Geschäftsjahres eine Bestandsaufnahme über das Vermögen und die Schulden durchführen.

K

Kleinbetragsrechnung Unter einer Kleinbetragsrechnung versteht man eine Rechnung deren Gesamtbetrag einschließlich →**Umsatzsteuer** 200 DM nicht übersteigt. Bei Kleinbetragsrechnungen muss der Umsatzsteuerbetrag nicht ausgewiesen werden, es genügt die Angabe des Steuersatzes.

Kontenplan Ein Kontenplan ist die individuelle Anpassung eines →**Kontenrahmens** an die Bedürfnisse eines bestimmten Unternehmens, d.h. im Kontenplan sind alle Konten aufgeführt, die die Unternehmung in ihrer Buchführung verwendet.

Kontenrahmen Unter einem Kontenrahmen versteht man eine systematische Zusammenstellung verschiedener Konten und ihre Zusammenfassung in bestimmte Gruppen (Kontenklassen).

Konto Unter einem Konto versteht man die Zusammenstellung gleichartiger Geschäftsvorfälle in zeitlicher Reihenfolge. In der Buchführung werden üblicherweise T-Konten verwendet. Auf einer Seite werden die Zugänge und auf der zweiten Seite die Abgänge gebucht. Die Differenz der beiden Seiten ergibt den Kontostand.

Kosten- und Leistungsrechnung Die Kosten- und Leistungsrechnung erfasst und kontrolliert in einer Unternehmung alle anfallenden Kosten und Leistungen mit den Teilgebieten Kostenartenrechnung, Kostenstellenrechnung und Kostenträgerrechnung.

L

Lohnsteuer Unter Lohnsteuer versteht man die Einkommensteuer, die für Einkünfte aus nichtselbstständiger Arbeit erhoben wird. Zum Arbeitslohn gehören Löhne, Gehälter, Tantiemen und Provisionen.

M

Mehrwert Unter dem Mehrwert einer Ware versteht man die positive Veränderung einer Ware, die sie auf einer Produktions-, Veredelungs- oder Handelsstufe erfährt.

P

Privateinlagen Unter Privateinlagen versteht man die Zuführung von Geld und Waren aus dem Privateigentum des Unternehmers in das Unternehmen.

Privatentnahmen Unter Privatentnahmen versteht man die Nutzung oder Abführung von Geld und Waren aus der Unternehmung durch den Unternehmer aus privatem Anlass.

Privatkonten Das Geld oder die Waren, die der Unternehmer für private Zwecke aus dem Unternehmen entnimmt oder nutzt bzw. das Geld oder die Waren, die er in das Unternehmen einbringt, werden in der Buchführung auf den Privatkonten 'Privatentnahmen' und 'Privateinlagen' erfasst.

R

Rechnungsabgrenzung Wenn Zahlungen (Zahlungseingänge und -ausgänge) in einem →**Geschäftsjahr** erfolgen, der entsprechende Aufwand oder Ertrag jedoch erst in einem der folgenden Geschäftsjahre entsteht, werden sie als Rechnungsabgrenzungsposten gebucht.

Reingewinn Unter dem Reingewinn versteht man den →**Rohgewinn** abzüglich aller weiteren betrieblichen Aufwendungen zuzüglich aller weiteren betrieblichen Erträge. Der Reingewinn wird in der →**Gewinn- und Verlustrechnung** ausgewiesen.

Rohgewinn Der Rohgewinn ist der Differenzbetrag zwischen den Erträgen für Waren (Umsatzerlöse) und den Aufwendungen des Wareneinkaufs.

Rückstellung Rückstellungen werden in der Buchführung gebildet, wenn Verbindlichkeiten, die zu →**Aufwendungen** des aktuellen →**Geschäftsjahres** gehören, der Höhe und/oder der Fälligkeit nach am Abschlussstichtag noch nicht feststehen.

S

Sachkonten Unter Sachkonten versteht man Konten der Buchführung, die über 'Sachen' geführt werden, beispielsweise Anlagen oder Waren. Dem gegenüber stehen Personenkonten, die z.B. für Kunden, Lieferanten oder Gesellschaften geführt werden.

Saldenvorträge Das Konto Saldenvorträge wird in der EDV genutzt und entspricht in seiner Funktion dem →**Eröffnungsbilanzkonto**.

Schlussbestand Unter dem Schlussbestand versteht man den Saldo eines →**Bestandskontos** am Ende eines Geschäftsjahres. Es entspricht dem Wert der entsprechenden Position am Jahresende.

Schlussbilanzkonto Über das Schlussbilanzkonto werden die →**Bestandskonten** am Geschäftsjahresende abgeschlossen. Aus dem Schlussbilanzkonto wird die Schlussbilanz entwickelt.

Sozialabgaben Zu den Sozialabgaben gehören die gesetzliche Rentenversicherung, die gesetzliche Krankenversicherung, die Pflegeversicherung und die Arbeitslosenversicherung. Arbeitgeber und Arbeitnehmer tragen die Beiträge jeweils zur Hälfte. Die Zahlungen werden an die gesetzlichen Krankenkassen geleistet. Die gesetzliche Unfallversicherung trägt der Unternehmer allein.

Stapelverfahren Das Stapelverfahren ist ein Verfahren der Datenerfassung, das bei der Buchführung mit EDV zur Anwendung kommt. Dabei werden mehrere Datensätze (Buchungssätze) erfasst, gehen aber noch nicht in die aktuelle Buchführung ein. Erst nach einer möglichen Kontrolle bzw. Korrektur werden die getätigten Datensätze freigegeben und gehen in die Buchführung ein.

Stornobuchung Bei einer Stornobuchung wird eine bereits durchgeführte Buchung rückgängig gemacht, indem der gleiche Betrag auf der Gegenseite des Kontos gebucht wird. Die ursprüngliche Buchung darf dabei jedoch nicht unkenntlich gemacht werden.

U

Umlaufvermögen Das Umlaufvermögen ist der Teil des Vermögens einer Unternehmung, der zum Verbrauch und Verkauf bestimmt ist, jedoch nicht zur Nutzung und zum längeren Verbleib.

Umsatz Unter Umsatz versteht man den Geldwert der verkauften Waren oder Dienstleistungen eines Unternehmens innerhalb eines bestimmten Zeitraums.

Umsatzsteuer Die Umsatzsteuer (auch: Mehrwertsteuer) ist eine Verbrauchersteuer, die die Wertschöpfung (Mehrwert) jeder einzelnen Produktions-, Dienstleistungs- oder Handelsstufe betrifft. Sie soll nicht von den Unternehmen getragen werden sondern vom Endverbraucher.

Umsatzsteuer-Zahllast Die Umsatzsteuer-Zahllast einer Unternehmung ist die Differenz aus der ausgewiesenen Umsatzsteuer aller Verkäufe und der ausgewiesenen Umsatzsteuer aller Einkäufe (Vorsteuer).

V

Verlust In der GuV-Rechnung ist der Verlust die negative Differenz zwischen den →**Erträgen** und den →**Aufwendungen** einer Unternehmung innerhalb eines Geschäftsjahres, d.h. die Erträge sind kleiner als die Aufwendungen. In der →**Bilanz** ist der Verlust die Verringerung des Eigenkapitals vom Beginn eines Geschäftsjahres bis zum Ende unter Berücksichtigung von Privateinlagen und -entnahmen.

Vorsteuer Unter Vorsteuer versteht man die →**Umsatzsteuer**, die ein Unternehmen beim Einkauf von Waren oder Dienstleistungen zahlt und die von Seiten des Unternehmens von der Umsatzsteuer wieder abgezogen werden darf, die beim Verkauf von Waren oder Dienstleistungen des Unternehmens berechnet wird.

Z

Zuständiges Finanzamt Bei gewerblichen Betrieben ist das Finanzamt zuständig, in dessen Bezirk die Geschäftsführung ihren Sitz hat. Bei freiberuflichen Tätigkeiten ist das Finanzamt zuständig, von dessen Bezirk aus die Berufstätigkeit ausgeübt wird. Bei Betrieben der Land- und Forstwirtschaft, bei denen sich der Betrieb bzw. die Grundstücke über Bezirke mehrerer Finanzämter erstreckt, ist das Finanzamt zuständig, in dessen Bezirk der wertvollste Teil liegt.

Lösungen

Einführung in die Buchführung

(Aufgaben von S. 29)

Aufgabe 1:

Am besten suchen Sie bei der Existenzgründung die kompetente Beratung der zuständigen IHK bzw. Handwerkskammer. Die gesetzlichen Grundlagen finden sich im HGB, §§ 1-6.

Aufgabe 2:

Die Buchführung hat sowohl Informations- als auch Dokumentationsfunktion.

Für Sie als Unternehmer ist eine gute Buchführung deshalb wichtig, weil die Buchführung Ihnen

- einen Überblick über Vermögen und Schulden verschafft,
- alle monetären Veränderungen erfasst und
- die Datengrundlage für weitere betriebliche Statistiken, Planungen etc. bildet.

Außerhalb des Unternehmens sind im Wesentlichen die Finanzbehörden, die Kreditgeber (Banken) sowie Kunden und Lieferanten an den Informationen der Buchführung interessiert.

Aufgabe 3:

Wer ist buchführungspflichtig:	Buchführungspflicht:
▪ der Besitzer eines kleinen Kiosk,	nein – Minderkaufmann
▪ der freiberuflich tätige Ingenieur,	nein – Freiberufler
▪ der selbstständige Elektriker ohne Mitarbeiter,	nein – Minderkaufmann

▪ der Schreinermeister, dessen Handwerksbetrieb als GmbH im Handelsregister eingetragen ist,	ja – Sollkaufmann
▪ der Landwirt, dessen selbstbewirtschaftete land- und forstwirtschaftliche Fläche einen Wirtschaftswert von ungefähr 50.000 DM hat,	ja – Minderkaufmann, der nach § 141 Abs. 1 Nr. 3 AO zur Buchführung verpflichtet ist
▪ der Spediteur,	ja – Musskaufmann
▪ der Winzer, der zur Organisation seines Betriebes einen kaufmännischen Mitarbeiter hat und im Handelsregister eingetragen ist.	ja – Kannkaufmann

Aufgabe 4:

Personen, die freiberuflich tätig sind oder einen „kleinen Gewerbebetrieb" unterhalten, also alle Minderkaufleute ohne steuerrechtliche Buchführungspflicht, dürfen eine Einnahmenüberschussrechnung durchführen.

Aufgabe 5:

Quellen der GoB sind:
das Gesetz, die Rechtsprechung, die betriebswirtschaftliche Praxis, die wissenschaftliche Diskussion und der so genannte gesunde Menschenverstand.

Die wichtigsten GoB sind:

- Grundsatz der formellen Richtigkeit,
- Grundsatz der Zeitfolge,
- Grundsatz der Klarheit und Nachprüfbarkeit,
- Grundsatz der Vollständigkeit,
- Grundsatz der materiellen Richtigkeit,
- Grundsatz der periodengerechten Abgrenzung.

Hinweis: Da die GoB nirgends festgeschrieben sind, werden Sie in verschiedenen Fachbüchern unterschiedliche Bezeichnungen für die GoB finden. Die wesentlichen Inhalte sind jedoch grundsätzlich gleich!

Aufgabe 6:

Die Ergänzung der GoB durch die GoS ist deshalb wichtig, weil der Einsatz der modernen Technik kaum noch aus der Buchführung wegzudenken ist. So wie die Buchführung auf Papier nachvollziehbar sein muss und vor Ungenauigkeiten und Veränderungen geschützt werden muss, ist auch die Buchführung auf Datenträgern zu regeln.

Organisation der Buchführung

(Aufgaben von S. 50)

Aufgabe 1:

Am Stammtisch (vgl. S. 44 ff) entwickeln Katrin und Stefan einen möglichen Gestaltungsvorschlag. Sie sollten bei der Gliederung keinen Bearbeitungsschritt vergessen:

1. Ausgangsrechnungen schreiben,
2. Eingangsrechnungen bezahlen,
3. Bank-, Kassen- und sonstige Belege sortieren,
4. Buchungen ausführen oder veranlassen,
5. Ablage systematisch gliedern und führen.

Aufgabe 2:

Ein Ersatzbeleg muss erstellt werden, wenn der Originalbeleg verloren geht. Bei einem Fremdbeleg muss der Ersteller des Originals um ein Duplikat gebeten werden. Bei Eigenbelegen muss der Beleg mit allen wichtigen Angaben und Daten des Originals nochmals erstellt werden.

Aufgabe 3:

- Vorbereiten der Belege: Überprüfen und Sortieren.
- Buchen der Belege.
- Ablage der Belege.

Aufgabe 4:

Die Eröffnungsbilanzen, Jahresabschlüsse und Konzernabschlüsse müssen im Original aufbewahrt werden. Alle anderen Unterlagen können auch auf Bild- oder Datenträgern aufbewahrt werden.

Aufgabe 5:

Dialog- und Stapelverarbeitung sind Methoden der Datenerfassung. Während bei der Dialogverarbeitung jeder Datensatz unmittelbar gespeichert wird und in die Buchführung eingeht, werden die Datensätze bei der Stapelverarbeitung 'zwischengelagert', können kontrolliert und verändert werden und gehen erst nach einer Freigabe in die Buchführung ein.

Grundlagen der Buchführung

(Aufgaben von S. 82)

Aufgabe 1:

Merkmale der doppelten Buchführung sind:

- Jeder Geschäftsvorfall spricht mindestens zwei Konten an, eines im Soll und eines im Haben.
- Alle Geschäftsvorfälle werden in sachlicher und zeitlicher Ordnung dargestellt.
- Es besteht die Möglichkeit der doppelten Gewinnermittlung, das Betriebsvermögen vom Anfang und vom Ende eines Geschäftsjahres kann verglichen werden und die Aufwendungen und Erträge können einander am Geschäftsjahresende gegenüber gestellt werden.

Aufgabe 2:

Die Bücher der doppelten Buchführung können sowohl in Form von gebundenen Büchern geführt werden, als auch als lose Blätter oder auf elektronischen Datenträgern.

Wichtig ist, dass sie den Grundsätzen ordnungsmäßiger Buchführung entsprechen.

Aufgabe 3:

Der Unternehmer kann diese Information dem Hauptbuch entnehmen, genauer: auf dem Sachkonto 'Versicherungen'.

Aufgabe 4:

Die Inventur ist eine Bestandsaufnahme, bei der das Vermögen und die Schulden eines Unternehmens zu einem bestimmten Zeitpunkt festgestellt werden.

Aufgabe 5:

Der Gesetzgeber erlaubt folgende Inventurvereinfachungsverfahren:

- die permanente Inventur,
- die zeitlich verlegte Inventur,
- die Stichprobeninventur.

Aufgabe 6:

Eine gute Inventurplanung ist notwendig, um sicherzustellen, dass alle Bestände erfasst werden, aber keine Doppelerfassungen erfolgen.

Aufgabe 7:

Ein Inventar wird gegliedert in

A Vermögen	B Schulden	C Reinvermögen = Eigenkapital

Aufgabe 8:

Inventar zum 31.12...

		Wert	Summe A Jahr	Summe B Jahr
A.	**Vermögen**			
I.	**Anlagevermögen**			
	Immaterielle Vermögensgegenstände			
	EDV-Software		**1.270,00**	
	Sachanlagen			
	Maschinen	10.987,55		
	sonstige Betriebs- und Geschäftsaussttattung	3.105,50		
	1 LKW IVECO	35.600,00		
	1 PKW Fiat	12.000,00		
			61.693,05	

II.	**Umlaufvermögen**			
	Vorräte	1.766,90		
	Forderungen a. LuL	54.890,70		
	Bankkonto Dresdner Bank	11.192,88		
	Kassenbestand	550,70		
			68.401,18	
B.	**Schulden**			
I.	**langfristige Schulden**			
	Darlehen Voba			**24.605,50**
II.	**kurzfristige Schulden**			
	Verbindlichkeiten a. LuL			**28.769,00**
C.	**Ermittlung Eigenkapital**			
	Summe Vermögen		**131.364,23**	
	Summe Schulden			**53.374,50**
	= Eigenkapital			**77.989,73**

Aufgabe 9:

Bilanz

Aktiva — der ..., Mannheim zum 31.12..... — Passiva

Aktiva		Passiva	
A. Vermögen		**B. Schulden**	
I. Anlagevermögen		I. langfristige Schulden	24.605,50
Immaterielle Vermögensgegenstände	1.270,00	II. kurzfristige Schulden	28.769,00
Sachanlagen	61.693,05		
II. Umlaufvermögen		**C. Eigenkapital**	77.989,73
Vorräte	1.766,90		
Forderungen a. LuL	54.890,70		
Schecks, Kassenbestand, Postgiro- und Bankguthaben	11.743,58		
	131.364,23		131.364,23

Aufgabe 10:

Einheitliche Kontenrahmen haben folgende Vorteile:

- Sie sparen dem Unternehmer Arbeit bei der Aufstellung des Kontenplans.
- Sie geben einen genauen Überblick über die im Unternehmen geführten Konten.
- Sie ermöglichen Vergleiche verschiedener Rechnungsperioden eines Unternehmens (innerer Betriebsvergleich oder Zeitvergleich).
- Sie ermöglichen Vergleiche des Unternehmens mit anderen Unternehmen des gleichen Wirtschaftszweigs (äußerer Betriebsvergleich).
- Sie vereinheitlichen und vereinfachen die Buchungstexte durch die Verwendung von Kontonummern.

Aufgabe 11:

Alle im Unternehmen benötigten Konten werden aus dem Kontenrahmen in den Kontenplan übernommen. Die nicht benötigten Konten entfallen. Individuelle Konten werden angepasst, z.B. aus dem Konto 'Bank' des Kontenrahmens werden beispielsweise die Konten 'Sparda Kontonr. 11550' oder 'Deutsche Bank Kontonr. 22034'.

Aufgabe 12:

Die Gliederung der Bilanz ist für Kapitalgesellschaften in § 266 HGB vorgeschrieben. Sie wird jedoch auch von anderen Bilanzpflichtigen beachtet.

Buchung von Geschäftsvorfällen

(Aufgaben von S. 108)

Aufgabe 1:

Das Eröffnungsbilanzkonto ist ein Hilfskonto, um für die Buchung der Anfangsbestände der Bestandskonten eine Gegenbuchung durchführen zu können. Damit bleibt das Prinzip der doppelten Buchführung erhalten.

Aufgabe 2:

Auf der rechten Seite, im Haben.

Aufgabe 3:

Eröffnungsbuchungen zum 31.12.:

Aktiva		Bilanz	Passiva
Gebäude	250.000 DM	Eigenkapital	187.000 DM
Fahrzeuge	67.000 DM	Darlehen	150.000 DM
Forderungen	35.000 DM	Verbindlichkeiten	30.000 DM
Bank	13.000 DM		
Kasse	2.000 DM		
	367.000 DM		367.000 DM

Buchungssätze:

Eröffnungs-buchungen:

Soll	an Haben	Betrag in DM
Gebäude	EBK	250.000
Fahrzeuge	EBK	67.000
Forderungen	EBK	35.000
Bank	EBK	13.000
Kasse	EBK	2.000
EBK	Eigenkapital	187.000
EBK	Darlehen	150.000
EBK	Verbindlichkeiten	30.000

Aufgabe 4:

Buchungssätze:	Soll	an Haben	Betrag in DM
Buchungssatz a:	Fahrzeuge	Verbindlichkeiten	3.270
Buchungssatz b:	Kasse	Bank	600
Buchungssatz c:	Bank	Forderungen	4.000
Buchungssatz d:	Verbindlichkeiten	Bank	879

Aufgabe 5:

Buchungssätze:

Schluss-buchungen:

Soll an	**Haben**	**Betrag in DM**
SBK	Gebäude	250.000
SBK	Fahrzeuge	70.270
SBK	Forderungen	31.000
SBK	Bank	15.521
SBK	Kasse	2.600
Eigenkapital	SBK	187.000
Darlehen	SBK	150.000
Verbindlichkeiten	SBK	32.391

Eröffnungsbilanzkonto (EBK)

Soll		Haben	
Eigenkapital	187.000 DM	Gebäude	250.000 DM
Darlehen	150.000 DM	Fahrzeuge	67.000 DM
Verbindlichkeiten	30.000 DM	Forderungen	35.000 DM
		Bank	13.000 DM
		Kasse	2.000 DM
	367.000 DM		367.000 DM

Gebäude

S			H
AB	250.000 DM	SB	250.000 DM

Eigenkapital

S			H
SB	187.000 DM	AB	187.000 DM

Fahrzeuge

S			H
AB	67.000 DM	SB	70.270 DM
1)	3.270 DM		

Darlehen

S			H
SB	150.000 DM	AB	150.000 DM

Forderungen

S			H
AB	35.000 DM	3)	4.000 DM
		SB	31.000 DM

Verbindlichkeiten

S			H
4)	879 DM	AB	30.000 DM
SB	32.391 DM	1)	3.270 DM

Bank

S			H
AB	13.000 DM	2)	600 DM
3)	4.000 DM	4)	879 DM
		SB	15.521 DM

S	Kasse		H
AB	2.000 DM	SB	2.600 DM
2)	600 DM		

Soll	Schlussbilanzkonto		Haben
Gebäude	250.000 DM	Eigenkapital	187.000 DM
Fahrzeuge	70.270 DM	Darlehen	150.000 DM
Forderungen	31.000 DM	Verbindlichkeiten	32.391 DM
Bank	15.521 DM		
Kasse	2.600 DM		
	369.391 DM		369.391 DM

Aufgabe 6:

Betriebliche Aufwendungen und Erträge werden nicht auf dem Eigenkapitalkonto gebucht, sondern auf Unterkonten, weil

- das Eigenkapitalkonto unübersichtlich werden würde,
- der Erfolg nur durch den Eigenkapitalvergleich ermittelt werden könnte und
- die einzelnen Arten der Aufwendungen und Erträge nicht mehr zu erkennen wären.

Aufgabe 7:

Aufwandskonten: Betriebssteuern, Materialaufwand, Löhne, Gehälter, soziale Aufwendungen, Miete, Heizung, Strom, Wasser, Bürobedarf, Fahrzeugkosten, Versicherungen, Telefon, Porto, Zinsaufwendungen.

Ertragskonten: Umsatzerlöse, Provisionserlöse, Zinserträge.

Aufgabe 8:

GuV-Konto an Aufwandskonto,

Ertragskonto an GuV-Konto.

Aufgabe 9:

S	Bürobedarf		H
	357 DM	GuV	357 DM

S	Umsatzerlöse		H
GuV	13.570 DM		13.570 DM

S	Löhne		H
	5.000 DM	GuV	5.000 DM

S	Zinserträge		H
GuV	220 DM		220 DM

S	Fahrzeugkosten		H
	920 DM	GuV	920 DM

S	Versicherungen		H
	200 DM	GuV	200 DM

Soll	Gewinn- und Verlustkonto		Haben
Bürobedarf	357 DM	Umsatzerlöse	13.570 DM
Löhne	5.000 DM	Zinserträge	220 DM
Fahrzeugkosten	920 DM		
Versicherungen	200 DM		
Saldo (Gewinn)	7.313 DM		
	13.790 DM		13.790

Es liegt ein Gewinn vor.

Besondere Buchungen

(Aufgaben von S. 132)

Aufgabe 1:

Man spricht von Privatentnahmen, wenn der Unternehmer aus seinem Unternehmen Geld oder Waren für private Zwecke entnimmt.

Aufgabe 2:

Man spricht von Privateinlagen, wenn der Unternehmer Geld oder Waren seines privaten Eigentums in das Unternehmen einbringt.

Aufgabe 3:

Über das Eigenkapitalkonto.

Aufgabe 4:

Buchungssätze:	Soll	an Haben	Betrag in DM
Buchungssatz a:	Privatentnahme	Kasse	500
Buchungssatz b:	Privatentnahme	Bank	50
Buchungssatz c:	Kasse	Privateinlage	600
Buchungssatz d:	Bank	Privateinlage	2.000

Aufgabe 5:

Auf dem Weg durch die Produktion, über die Veredelung bis hin zum Handel erhöht sich der Wert einer Ware. Diese Erhöhung nennt man Mehrwert.

Aufgabe 6:

	Summe der ausgewiesenen Umsatzsteuer aller Ausgangsrechnungen (Verkäufe)	**Umsatzsteuer**
–	Summe der ausgewiesenen Umsatzsteuer aller Eingangsrechnungen (Einkäufe)	**Vorsteuer**
=	Umsatzsteuer-Zahllast	

Aufgabe 7:

Lohnsteuer, Kirchensteuer, Sozialversicherung mit Kranken-, Renten-, Pflege- und Arbeitslosenversicherung.

Aufgabe 8:

Verbindlichkeiten aus Lohn- und Kirchensteuer,
Verbindlichkeiten im Rahmen der sozialen Sicherung.

Aufgabe 9:

Je zur Hälfte Arbeitgeber und Arbeitnehmer.

Aufgabe 10:

a) Der Arbeitnehmer.
b) Der Arbeitgeber.

Aufgabe 11:

Buchungssätze:	Soll an	Haben	Betrag in DM
Buchungssatz a:	Gehälter 4.300		
		Bank	3.000
		Verbindlichkeiten a.LSt/KiSt.	500
		Verbindlichkeiten i.R.d.s.S.	800
Buchungssatz b:	Gesetzliche soziale Aufwendungen	Verbindlichkeiten i.R.d.s.S.	800

Buchungssätze:	Soll an	Haben	Betrag in DM
Buchungssatz c:	Verbindlichkeiten a. LSt/KiSt	Bank	500
Buchungssatz d:	Verbindlichkeiten i.R.d.s.S. (Arbeitgeber- u. Arbeitnehmeranteil)	Bank	1.600

Aufgabe 12:

Die Konten Wareneingang, Warenverkauf, Warenbestand.

Aufgabe 13:

Das Konto Warenbestand.

Aufgabe 14:

a) Zu Einkaufspreisen.
b) Zu Verkaufspreisen.

Aufgabe 15:

Durch Inventur.

Aufgabe 16:

a) Rohgewinn = Erträge für Waren – Aufwendungen für Waren.
b) Reingewinn = Rohgewinn – alle weiteren Aufwendungen + alle weiteren Erträge.

Aufgabe 17:

Über das GuV-Konto.

Besondere Problemstellungen der Buchführung

(Aufgaben von S. 145)

Aufgabe 1:

Aufwendungen für Geschenke an Geschäftsfreunde sind in vollem Umfang **nicht** abzugsfähig, wenn sie 75 DM überschreiten. Geschenke bis 75 DM pro Person und Jahr sind dagegen in vollem Umfang abzugsfähig.

Aufgabe 2:

Die Bewirtung

- muss aus geschäftlichem Anlass erfolgen,
- darf nicht nach allgemeiner Verkehrsauffassung unangemessen sein,
- darf nicht eindeutig im Vordergrund des Anlasses stehen,
- muss im Hinblick auf ihre betriebliche Veranlassung durch Angaben über den Ort, das Datum, die Teilnehmer, den Anlass und die Höhe der Aufwendungen belegt werden.

Aufgabe 3:

Bewirtungsrechnungen werden nur anerkannt, wenn

1. sie maschinell erstellt und registriert wurden,
2. genaue Angaben über die in Anspruch genommenen Leistungen nach Art, Umfang, Entgelt und den Tag der Bewirtung enthalten sind, d.h. die Angabe „für Speisen und Getränke“ genügt nicht,

3. Angaben über den Ort der Bewirtung,
4. Angaben über die Teilnehmer,
5. Angaben über den Anlass der Bewirtung und
6. die Höhe der Aufwendungen enthalten sind und
7. der Name und die Anschrift der Gaststätte aus der Rechnung hervorgeht.

Aufgabe 4:

In Höhe von 80 % der Gesamtaufwendungen, sie enthalten allerdings auch abzugsfähige Mehrwertsteuer.

Aufgabe 5:

Der Lohnsteuer.

Aufgabe 6:

Der Gesetzgeber geht davon aus, dass die Aufwendungen für Frühstück mit der Verpflegungspauschale abgegolten sind.

Aufgabe 7:

Die Pauschalierungsmethode und die Fahrtenbuchmethode.

Aufgabe 8:

Alle Eintragungen in das Fahrtenbuch müssen fortlaufend und zeitnah erfolgen. Für Geschäftsfahrten müssen Angaben über Datum, Kilometerstand zu Fahrtbeginn, gefahrene Kilometer, Reiseziel, Reiseroute, Reisezweck und besuchte Geschäftspartner gemacht werden. Bei Fahrten zwischen Wohnung und Arbeitsstätte genügt ein Vermerk (die gefahrenen Kilometer sind bekannt), bei Privatfahrten müssen die gefahrenen Kilometer angegeben werden.

Jahresabschluss

(Aufgaben von S. 172)

Aufgabe 1:

Im Anhang sind nähere Angaben zu den einzelnen Posten der Bilanz und der GuV-Rechnung zu machen. Weiterhin sind hier Erläuterungen zu den verwendeten Methoden erforderlich, bei denen ein Wahlrecht besteht, z.B. Abschreibungsmethoden.

Aufgabe 2:

Bei der Erstellung des Jahresabschlusses ist so zu bewerten, dass alle voraussehbaren Risiken und Verluste, die zum Zeitpunkt der Aufstellung des Jahresabschlusses bekannt sind, zu berücksichtigen sind. Gewinne sind nur zu berücksichtigen, wenn sie am Abschlussstichtag realisiert sind.

Aufgabe 3:

Herstellungskosten sind die Aufwendungen für den Verbrauch von Gütern und die Inanspruchnahme von Dienstleistungen für die Herstellung, Erweiterung oder Verbesserung eines Vermögensgegenstandes.

Aufgabe 4 a)

Buchungssatz zum 31.12.: Miete an Sonst. Verbindl. 3.000 DM

Buchung:

S	Miete		H
S.V.	3.000 DM		

S	Sonstige Verbindlichkeiten		H
		Miete	3.000 DM

Buchungssätze:

	Soll	an Haben	Betrag in DM
Abschlussbuchung zum 31.12.:	Sonstige Verbindlichkeiten	SBK	3.000
Eröffnungsbuchung zum 01.01.:	EBK	Sonstige Verbindlichkeiten	3.000
Buchungssatz zum 16.01.:	Sonstige Verbindlichkeiten	Bank	3.000

S	Sonstige Verbindlichkeiten		H
Bank	3.000 DM	AB	3.000 DM

S	Bank		H
		S.V.	3.000 DM

Aufgabe 4 b)

Buchungssatz:
zum 31.12.: Sonst. Forderungen an Zinserträge 470 DM

Buchung:

S	Sonstige Forderungen		H
Zins.	470 DM		

S	Zinserträge		H
		S.F.	470 DM

Buchungssätze:

	Soll	an Haben	Betrag in DM
Abschlussbuchung zum 31.12.:	SBK	Sonstige Forderungen	470
Eröffnungsbuchung zum 01.01.:	Sonstige Forderungen	EBK	470
Buchungssatz zum 02.01.:	Bank	Sonstige Forderungen	470

S	Bank		H
S.F.	470 DM		

S	Sonstige Forderungen		H
AB	470 DM	Bank	470 DM

Aufgabe 5 a)

Buchungssatz
zum 01.11.: Zeitschriften an Bank 74,10 DM

Buchung:

S	Zeitschriften		H
Bank	74,10 DM		

S	Bank		H
		Zeitschr.	74,10 DM

Umbuchung zur Abgrenzung zum 31.12.: Aktive Rechnungsabgrenzung an Zeitschriften 24,70 DM

S	Aktive RA		H
Zeitschr.	24,70 DM		

S	Zeitschriften		H
	74,10 DM	ARA	24,70 DM

	Soll	an Haben	Betrag in DM
Buchungssätze: **Schlussbuchungen zum 31.12.:**	GuV	Zeitschriften	49,40
	SBK	Aktive Rechnungs-abgrenzung	24,70
Eröffnungsbuchung zum 01.01.:	Aktive Rechnungsab-grenzung	EBK	24,70
Umbuchungen zur Ab-grenzung zum 01.01.:	Zeitschriften	Aktive Rechnungs-abgrenzung	24,70

S	Zeitschriften		H
ARA	24,70 DM		

S	Aktive RA		H
AB	24,70 DM	Zeitschr.	24,70 DM

Aufgabe 5 b)

Buchungssatz zum 27.11.: Bank an Grundstückserträge 3.000 DM

Buchung:

S	Bank		H
GE	3.000 DM		

S	Grundstückserträge		H
		Bank	3.000 DM

Umbuchung zur Ab-grenzung zum 31.12.: Grundstückserträge (GE) an Passive Rechnungsabgrenzung 2.000 DM

S	Grundstücke		H
PRA	2.000 DM		3.000 DM

S	Passive RA		H
		GE	2.000 DM

	Soll	an Haben	Betrag in DM
Buchungssätze: **Schlussbuchungen zum 31.12.:**	Grundstückserträge	GuV	1.000
	Passive Rechnungs-abgrenzung	SBK	2.000
Eröffnungsbuchung zum 01.01.:	EBK	Passive Rech-nungsabgrenzung	2.000
Umbuchungen zur Ab-grenzung zum 01.01.:	Passive Rechnungs-abgrenzung	Grundstückser-träge	2.000

S	Passive RA		H
GE	2.000 DM	AB	2.000 DM

S	Grundstückserträge		H
		PAR	2.000 DM

Aufgabe 6:

Passivierungs- bzw. Rückstellungspflicht besteht für:

- ungewisse Verbindlichkeiten,
- drohende Verluste aus schwebenden Geschäften,
- unterlassene Aufwendungen für Instandhaltung die im folgenden Geschäftsjahr innerhalb von drei Monaten nachgeholt werden,
- Gewährleistungen ohne rechtliche Verpflichtungen (Kulanzleistungen).

Aufgabe 7:

Passivierungs- bzw. Rückstellungswahlrecht besteht für:

- unterlassene Instandhaltungsaufwendungen, die nach drei Monaten, aber noch innerhalb des folgenden Geschäftsjahres nachgeholt werden,
- bestimmte, ihrer Eigenart nach genau umschriebene Aufwendungen, die dem Geschäftsjahr oder einem früheren Geschäftsjahr zuzuordnen sind.

Aufgabe 8:

Gegenstand	vermutete Nutzungsdauer	jährlicher Abschreibungsbetrag
PKW 25.000 DM	5 Jahre	5.000 DM pro Jahr
Kopierer 8.500 DM	5 Jahre	1.700 DM pro Jahr
3 Schreibtischstühle je 1.200 DM (= 3.600 DM)	10 Jahre	3 x 120 DM pro Jahr (= 360 DM)

Aufgabe 9:

Um den Jahresabschluss auszuwerten, kann man

- die Jahresabschlüsse einer Unternehmung über mehrere Jahre hinweg (innerbetrieblicher Vergleich) vergleichen und
- die Jahresabschlüsse mehrerer Unternehmen, die z.B. eine ähnliche Struktur haben oder einer vergleichbaren Branche angehören (außerbetrieblicher Vergleich) miteinander vergleichen.

Die Vergleichbarkeit wird erleichtert durch

- die Strukturierung des Jahresabschlusses durch Zusammenfassungen und Untergliederungen einzelner Posten und durch
- die Erstellung von so genannten Kennzahlen.

Der DATEV-Kontenrahmen SKR 03

SKR steht kurz für Spezialkontenrahmen. Die Gliederung des Spezialkontenrahmens 03 orientiert sich an den Betriebsabläufen, d.h., sie folgt dem Prozessgliederungsprinzip. Dieser Kontenrahmen spiegelt die buchhalterischen Bedürfnisse der meisten Klein- und Mittelbetriebe. Deshalb wird er in diesen Unternehmen mehrheitlich eingesetzt.

Der hier in Auszügen abgebildete Kontenrahmen beschränkt sich auf die wesentlichen Konten. Er will einen ersten Überblick für die betriebsindividuelle Gestaltung des Kontenrahmens ermöglichen. Deshalb wurde auf diejenigen Konten verzichtet, die 'verbundene' Unternehmen, komplexere Eigentums- bzw. Beteiligungsstrukturen, alle EG-relevanten Aspekte sowie allzu differenzierte Untergliederungen betreffen.

Einige Konten sind mit Buchstaben gekennzeichnet, die sie charakterisieren:

S	steht für	Sammelkonten.
F	steht für	Konten mit allgemeiner Funktion.
R	steht für	Konten, die erst gebucht werden dürfen, wenn ihnen eine andere Funktion zugeteilt wurde.

Anzahlungen und *im Bau* befindliche Posten sind kursiv abgesetzt, um sie abzugrenzen. Wo die betroffenen Bilanz- bzw. GuV-Posten eine abweichende Bezeichnung tragen, ist dies jeweils vor den betreffenden Konten ausgewiesen. Alle anderen Postenbezeichungen sind identisch mit der angegebenen Kontenbezeichnung.

Der ausgewertete DATEV-Kontenrahmen SKR O3 ist die zum Zeitpunkt der Bearbeitung aktuelle Fassung von Januar 1998, die ab 01. April 1998 geltenden, geänderten Mehrwertsteuersätze sind den alten Prozentsätzen ergänzend zur Seite gestellt worden.

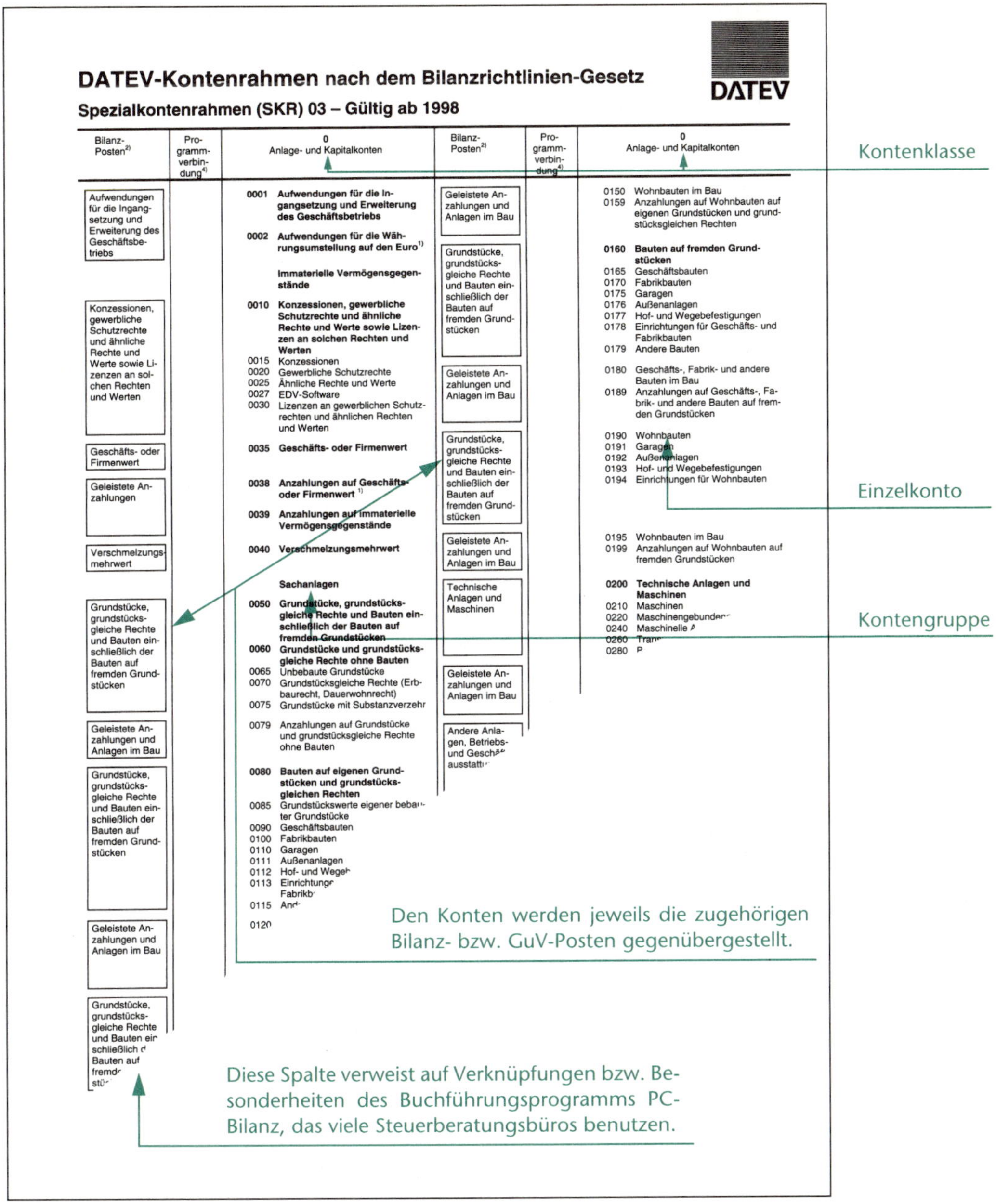

DATEV-Kontenrahmen nach dem Bilanzrichtlinien-Gesetz

Spezialkontenrahmen (SKR) 03 – Gültig ab 1998

DATEV

Bilanz-Posten[2]	Programmverbindung[4]	0 Anlage- und Kapitalkonten
Aufwendungen für die Ingangsetzung und Erweiterung des Geschäftsbetriebs		**0001 Aufwendungen für die Ingangsetzung und Erweiterung des Geschäftsbetriebs**
		0002 Aufwendungen für die Währungsumstellung auf den Euro[1]
		Immaterielle Vermögensgegenstände
Konzessionen, gewerbliche Schutzrechte und ähnliche Rechte und Werte sowie Lizenzen an solchen Rechten und Werten		**0010 Konzessionen, gewerbliche Schutzrechte und ähnliche Rechte und Werte sowie Lizenzen an solchen Rechten und Werten**
		0015 Konzessionen
		0020 Gewerbliche Schutzrechte
		0025 Ähnliche Rechte und Werte
		0027 EDV-Software
		0030 Lizenzen an gewerblichen Schutzrechten und ähnlichen Rechten und Werten
Geschäfts- oder Firmenwert		**0035 Geschäfts- oder Firmenwert**
Geleistete Anzahlungen		**0038 Anzahlungen auf Geschäfts- oder Firmenwert**[1]
		0039 Anzahlungen auf immaterielle Vermögensgegenstände
Verschmelzungsmehrwert		**0040 Verschmelzungsmehrwert**
		Sachanlagen
Grundstücke, grundstücksgleiche Rechte und Bauten einschließlich der Bauten auf fremden Grundstücken		**0050 Grundstücke, grundstücksgleiche Rechte und Bauten einschließlich der Bauten auf fremden Grundstücken**
		0060 Grundstücke und grundstücksgleiche Rechte ohne Bauten
		0065 Unbebaute Grundstücke
		0070 Grundstücksgleiche Rechte (Erbbaurecht, Dauerwohnrecht)
		0075 Grundstücke mit Substanzverzehr
Geleistete Anzahlungen und Anlagen im Bau		0079 Anzahlungen auf Grundstücke und grundstücksgleiche Rechte ohne Bauten
Grundstücke, grundstücksgleiche Rechte und Bauten einschließlich der Bauten auf fremden Grundstücken		**0080 Bauten auf eigenen Grundstücken und grundstücksgleichen Rechten**
		0085 Grundstückswerte eigener beba… ter Grundstücke
		0090 Geschäftsbauten
		0100 Fabrikbauten
		0110 Garagen
		0111 Außenanlagen
		0112 Hof- und Weget…
		0113 Einrichtung… Fabrikb…
		0115 And…
Geleistete Anzahlungen und Anlagen im Bau		0120
Grundstücke, grundstücksgleiche Rechte und Bauten ein… schließlich d… Bauten auf fremd… stü…		

Bilanz-Posten[2]	Programmverbindung[4]	0 Anlage- und Kapitalkonten
Geleistete Anzahlungen und Anlagen im Bau		0150 Wohnbauten im Bau
		0159 Anzahlungen auf Wohnbauten auf eigenen Grundstücken und grundstücksgleichen Rechten
Grundstücke, grundstücksgleiche Rechte und Bauten einschließlich der Bauten auf fremden Grundstücken		**0160 Bauten auf fremden Grundstücken**
		0165 Geschäftsbauten
		0170 Fabrikbauten
		0175 Garagen
		0176 Außenanlagen
		0177 Hof- und Wegebefestigungen
		0178 Einrichtungen für Geschäfts- und Fabrikbauten
		0179 Andere Bauten
Geleistete Anzahlungen und Anlagen im Bau		0180 Geschäfts-, Fabrik- und andere Bauten im Bau
		0189 Anzahlungen auf Geschäfts-, Fabrik- und andere Bauten auf fremden Grundstücken
Grundstücke, grundstücksgleiche Rechte und Bauten einschließlich der Bauten auf fremden Grundstücken		0190 Wohnbauten
		0191 Garagen
		0192 Außenanlagen
		0193 Hof- und Wegebefestigungen
		0194 Einrichtungen für Wohnbauten
Geleistete Anzahlungen und Anlagen im Bau		0195 Wohnbauten im Bau
		0199 Anzahlungen auf Wohnbauten auf fremden Grundstücken
Technische Anlagen und Maschinen		**0200 Technische Anlagen und Maschinen**
		0210 Maschinen
		0220 Maschinengebunde…
		0240 Maschinelle A…
		0260 Tran…
Geleistete Anzahlungen und Anlagen im Bau		0280 P…
Andere Anlagen, Betriebs- und Gesch… ausstatt…		

DATEV steht für Datenverarbeitungsorganisation des Steuerberatenden Berufes in der Bundesrepublik Deutschland eG.
Abdruck mit freundlicher Genehmigung.

0 Anlage- und Kapitalkonten

0001	**Aufwendungen für die Ingangsetzung und Erweiterung des Geschäftsbetriebs**
0002	**Aufwendungen für die Währungsumstellung auf den Euro**

Immaterielle Vermögensgegenstände

0010	**Konzessionen, gewerbliche Schutzrechte und ähnliche Rechte und Werte sowie Lizenzen an solchen Rechten und Werten**
0015	Konzessionen
0020	Gewerbliche Schutzrechte
0025	Ähnliche Rechte und Werte
0027	EDV-Software
0030	Lizenzen an gewerblichen Schutzrechten und ähnlichen Rechten und Werten
0035	**Geschäfts- oder Firmenwert**
0038	**Anzahlungen auf Geschäfts- oder Firmenwert**
0039	**Anzahlungen auf immaterielle Vermögensgegenstände**
0040	**Verschmelzungswert**

Sachanlagen

0050	**Grundstücke, grundstücksgleiche Rechte und Bauten einschließlich der Bauten auf fremden Grundstücken**
0060	Grundstücke und grundstücksgleiche Rechte ohne Bauten
0065	Unbebaute Grundstücke
0070	Grundstücksgleiche Rechte (Erbbaurecht, Dauerwohnrecht)
0075	Grundstücke mit Substanzverzehr
0079	*Anzahlungen* auf Grundstücke und grundstücksgleiche Rechte ohne Bauten
0080	**Bauten auf eigenen Grundstücken und grundstücksgleichen Rechten**
0085	Grundstückswerte eigener bebauter Grundstücke
0090–0115	Geschäftsbauten, Fabrikbauten, Außenanlagen, andere Bauten
0120	Geschäfts-, Fabrik- und andere Bauten *im Bau*
0129	*Anzahlungen* auf Geschäfts-, Fabrik- und andere Bauten auf eigenen Grundstücken
0140–0148	Wohnbauten, Garagen, Außenanlagen
0150	Wohnbauten *im Bau*
0159	*Anzahlungen* auf Wohnbauten auf eigenen Grundstücken oder grundstücksgleichen Rechten

0160	**Bauten auf fremden Grundstücken**
0165	Geschäftsbauten
0170	Fabrikbauten
0200	**Technische Anlagen und Maschinen**
0210	Maschinen
0220	Maschinengebundene Werkzeuge
0240	Maschinelle Anlagen
0260	Transportanlagen u.ä.
0280	Betriebsvorrichtungen
0290	Technische Anlagen und Maschinen *im Bau*
0299	*Anzahlungen* auf technische Anlagen und Maschinen
0300	**Andere Anlagen, Betriebs- und Geschäftsausstattung**
0310	Andere Anlagen
0320	Pkw
0350	Lkw
0380	Sonstige Transportmittel
0400	Betriebsausstattung
0410	Geschäftsausstattung
0420	Büroeinrichtung
0430	Ladeneinrichtung
0440	Werkzeuge
0450	Einbauten
0460	Gerüst- und Schalungsmaterial
0480	Geringwertige Wirtschaftsgüter bis 800,– DM
0490	Sonstige Betriebs- und Geschäftsaustattung
0498	**Andere Anlagen, Betriebs- und Geschäftsausstattung *im Bau***
0499	***Anzahlungen* auf andere Anlagen, Betriebs- und Geschäftsausstattung**

Finanzanlagen

0500	**Anteile an verbundenen Unternehmen (Anlagevermögen)**
0504	**Anteile an herrschender oder mit Mehrheit beteiligter Gesellschaft**
0505	**Ausleihungen an verbundene Unternehmen**
0510	**Beteiligungen an anderen Unternehmen**
0520	**Ausleihungen an Unternehmen mit denen ein Beteiligungsverhältnis besteht**
0525	**Wertpapiere des Anlagevermögens**
0530	Wertpapiere mit Gewinnbeteiligungsansprüchen
0535	Festverzinsliche Wertpapiere
0540	**Sonstige Ausleihungen**
0550	Darlehen
0570	Genossenschaftsanteile zum langfristigen Verbleib

Verbindlichkeiten

0600	**Anleihen** nicht konvertibel
0615	Anleihen konvertibel
0630	**Verbindlichkeiten gegenüber Kreditinstituten**
0631	– Restlaufzeit bis 1 Jahr
0640	– Restlaufzeit 1 bis 5 Jahre
0650	– Restlaufzeit größer 5 Jahre
0700	**Verbindlichkeiten gegenüber verbundenen Unternehmen**
0715	**Verbindlichkeiten gegenüber Unternehmen, mit denen ein Beteiligungsverhältnis besteht**
0730	**Verbindlichkeiten gegenüber Gesellschaftern**
...	– Restlaufzeit wie vor
0755	Verbindlichkeiten gegenüber Gesellschaftern für offene Ausschüttungen
0760	Darlehen typisch stiller Gesellschafter
...	– Restlaufzeiten wie vor
0770	Darlehen atypisch stiller Gesellschafter
...	– Restlaufzeiten wie vor
0780	Paritätische Darlehen
...	– Restlaufzeiten wie vor
0790–0798	(frei, in Bilanz kein Restlaufzeitvermerk)
0799	Gegenkonto 0730–0789 bei Aufteilung der Konten 0790–0798

Kapitel Kapitalgesellschaft

0800	Gezeichnetes Kapital
0801–0809	**Ausstehende Einlagen auf das gezeichnete Kapital**, nicht eingefordert (Aktivausweis)

Kapitalrücklage

0840	**Kapitalrücklage**

Gewinnrücklage

0846	**Gesetzliche Rücklage**
0850	**Rücklage für eigene Anteile**
0851	**Satzungsmäßige Rücklagen**
0855	**Andere Gewinnrücklagen 50/45 % Vorbelastung**
0860	**Gewinnvortrag vor Verwendung**
0868	**Verlustvortrag vor Verwendung**
0869	**Vorträge auf neue Rechnung (Bilanz)**

Kapital Personenhandelsgesellschaft

Vollhafter/Einzelunternehmer

0870–0879	Festkapital
0880–0889	Variables Kapital
0890–0899	Gesellschafter-Darlehen

Teilhafter
0900–0909 Kommandit-Kapital
0910–0919 Verlustausgleichskonto
0920–0929 Gesellschafter-Darlehen

Sonderposten mit Rücklagenanteil
0930–0949 Sonderposten mit Rücklagenanteil

Rückstellungen
0950 Rückstellungen für Pensionen und ähnliche Verpflichtungen

0955 Steuerrückstellungen
0957 Gewerbesteuerrückstellungen
0963 Körperschaftssteuerrückstellungen
0969 Rückstellungen für latente Steuern

0970 Sonstige Rückstellungen
0971 Rückstellungen für unterlassene Aufwendungen für Instandhaltung, Nachholung in den ersten drei Monaten
0972 Rückstellungen für unterlassene Aufwendungen für Instandhaltung, Nachholung innerhalb des 4. bis 12. Monats
0973 Rückstellungen für Abraum- und Abfallbeseitigung
0974 Rückstellungen für Gewährleistungen (Gegenkonto 4790)
0976 Rückstellungen für drohende Verluste aus schwebenden Geschäften
0977 Rückstellungen für Abschluß- und Prüfungskosten
0978 Aufwandsrückstellungen gemäß § 249 Abs. 2 HGB
0979 Rückstellungen für Umweltschutz

Rechnungsabgrenzungsposten

0980 Aktive Rechnungsabgrenzung
0983 Abgrenzung aktive latente Steuern
0985 Als Aufwand berücksichtigte Umsatzsteuer auf *Anzahlungen*
0986 Damnum/Disagio

0990 Passive Rechnungsabgrenzung

Bilanzposten: *Sonstige Aktiva* oder *Passiva*
0992–0999 Wertberichtigungen (zur unterjährigen Kostenverrechnung für BWA)

1 Finanz- und Privatkonten

Schecks, Kassenbestand, Bundesbank- und Postgiroguthaben, Guthaben bei Kreditinstituten

F 1000 Kasse
F 1100 Postbank
F 1200 Bank

Bilanzposten:	*Forderungen aus LuL* oder *sonstige Verbindlichkeiten*
F 1300	Wechsel aus Lieferungen und Leistungen
F 1301	– Restlaufzeit bis 1 Jahr
F 1302	– Restlaufzeit größer 1 Jahr
F 1305	Wechsel aus Lieferungen und Leistungen, bundesbankfähig
1327	Finanzwechsel
F 1330	**Schecks**
Wertpapiere	
1340	**Anteile an verbundenen Unternehmen (Umlaufvermögen)**
1344	**Anteile an herrschender oder mit Mehrheit beteiligter Gesellschaft**
1345	**Eigene Anteile**
F 1348	**Sonstige Wertpapiere**
Forderungen und sonstige Vermögensgegenstände	
F 1350	GmbH-Anteile zum kurzfristigen Verbleib
F 1352	Genossenschaftsanteile zum kurzfristigen Verbleib
F 1355	Ansprüche aus Rückdeckungsversicherungen
F 1360	Geldtransit
Bilanzposten:	*Forderungen aus LuL* oder *sonstige Verbindlichkeiten*
S 1400	**Forderungen aus Lieferungen und Leistungen**
R 1401–1406	Forderungen aus Lieferungen und Leistungen
F 1410–1449	Forderungen aus Lieferungen und Leistungen ohne Kontokorrent
F 1450	Forderungen nach § 11 Abs. 1 Satz 2 EStG für § 4/3 EStG
F 1451	Forderungen aus Lieferungen und Leistungen ohne Kontokorrent
...	– Restlaufzeiten wie vor
F 1460	Zweifelhafte Forderungen
...	– Restlaufzeiten wie vor
Bilanzposten:	*Forderungen aus LuL H-Saldo* oder *sonstige Verbindlichkeiten S-Saldo*
1499	Gegenkonto 1451–1498 bei Aufteilung Debitorenkonto
1500	**Sonstige Vermögensgegenstände**
...	– Restlaufzeiten wie vor
1503	Forderungen gegen Vorstandsmitglieder und Geschäftsführer
...	– Restlaufzeiten wie vor
Bilanzposten:	*Sonstige Vermögensgegenstände*
1510	**Geleistete Anzahlungen auf Vorräte**
R 1511–1515	Geleistete Anzahlungen, 7 % Vorsteuer
R 1516–1518	Geleistete Anzahlungen, 15 % bzw. 16 % Vorsteuer
1521	Agenturwarenabrechnung
1525	Kautionen
1530	Forderungen gegen Personal
1540	Steuerüberzahlungen

1545	Umsatzsteuerforderungen
1547	Forderungen aus entrichteten Verbrauchssteuern
Bilanzposten:	*Sonstige Vermögensgegenstände* oder *sonstige Verbindlichkeiten*
1548	Vorsteuer im Folgejahr abziehbar
Bilanzposten:	*Sonstige Vermögensgegenstände*
1549	Körperschaftssteuerrückforderung
1550	Darlehen
...	– Restlaufzeiten wie vor
Bilanzposten:	*Sonstige Vermögensgegenstände* oder *sonstige Verbindlichkeiten*
S 1560	Aufzuteilende Vorsteuer
S 1561	Aufzuteilende Vorsteuer 7 %
S 1566	(R 1567–1568) Aufzuteilende Vorsteuer 15% bzw. 16%
S 1570	Abziehbare Vorsteuer
S 1571	Abziehbare Vorsteuer 7 %
S 1576	Abziehbare Vorsteuer 15 % bzw. 16 %
F 1577	Vorsteuer nach allgemeinen Durchschnittsätzen UStVA KZ 63
F 1578	Berichtigung des Vorsteuerabzugs früherer Jahre UStVA KZ 64
1580	Gegenkonto Vorsteuer § 4/3 EStG
1581	Auflösung Vorsteuer aus Vorjahr § 4/3 EStG
F 1588	Bezahlte Einfuhrumsatzsteuer
1590	Durchlaufende Posten
Bilanzposten:	*Sonstige Verbindlichkeiten S-Saldo*
1593	Verrechnungskonto erhaltene Anzahlungen bei Buchung über Debitorenkonto
Bilanzposten:	*Verbindlichkeiten aus LuL* oder *sonstige Vermögensgegenstände*
S 1600	**Verbindlichkeiten aus Lieferungen und Leistungen**
R 1601–1603	Verbindlichkeiten aus Lieferungen und Leistungen
F 1610–1623	Verbindlichkeiten aus Lieferungen und Leistungen ohne Kontokorrent
F 1624	Verbindlichkeiten aus Lieferungen und Leistungen für Investitionen für § 4/3 EStG
F 1625	Verbindlichkeiten aus Lieferungen und Leistungen ohne Kontokorrent
...	– Restlaufzeiten (1 Jahr, 1 bis 5 Jahre, größer 5 Jahre)
F 1650	Verbindlichkeiten aus Lieferungen und Leistungen gegenüber Gesellschaftern
...	– Restlaufzeiten wie vor
Bilanzposten:	*Verbindlichkeiten aus LuL S-Saldo* oder *sonstige Vermögensgegenstände H-Saldo*
1659	Gegenkonto 1625–1658 bei Aufteilung Kreditoren-Konto

Bilanzposten:	*Verbindlichkeiten aus der Annahme gezogener Wechsel und aus der Ausstellung eigener Wechsel*
F 1660	**Schuldwechsel**
...	– Restlaufzeiten wie vor
1700	**Sonstige Verbindlichkeiten**
...	– Restlaufzeiten wie vor
1704	Sonstige Verbindlichkeiten z. B. nach § 11 Abs. 2 Satz 2 EStG für 4/3 EStG
1705	Darlehen
...	– Restlaufzeiten wie vor
1709	Gewinnverfügungskonto stiller Gesellschafter
Bilanzposten:	*Sonstige Verbindlichkeiten* oder *sonstige Vermögensgegenstände*
Bilanzposten:	*Erhaltene Anzahlungen auf Bestellungen (Passiva)*
1710	**Erhaltene Anzahlungen (Verbindlichkeiten)**
1711	Erhaltene, versteuerte Anzahlungen 7 % USt (Verbindlichkeiten)
1716	Erhaltene, versteuerte Anzahlungen 15 % bzw. 16 % USt (Verbindlichkeiten)
1719	Erhaltene Anzahlungen
...	– Restlaufzeiten wie vor
1722	Erhaltene Anzahlungen (von Vorräten offen abgesetzt)
Bilanzposten:	*Sonstige Verbindlichkeiten*
1731	Agenturwarenabrechnung
1732	Erhaltene Kautionen
1736	Verbindlichkeiten aus Betriebssteuern und Abgaben
1740	Verbindlichkeiten aus Lohn und Gehalt
Bilanzposten:	*Sonstige Verbindlichkeiten* oder *sonstige Vermögensgegenstände*
1741	Verbindlichkeiten aus Lohn- und Kirchensteuer
Bilanzposten:	*Sonstige Verbindlichkeiten*
1742	Verbindlichkeiten im Rahmen der sozialen Sicherheit
1746	Verbindlichkeiten aus Einbehaltungen
1747	Verbindlichkeiten für Verbrauchssteuern
1750	Verbindlichkeiten aus Vermögensbildung
Bilanzposten:	*Sonstige Verbindlichkeiten*
1755	**Lohn- und Gehaltsverrechnung**
F 1759	USt-Abzugsverfahren, 15% bzw. 16 % Umsatzsteuer
S 1760–1766	Umsatzsteuer nicht fällig
Bilanzposten:	*Sonstige Verbindlichkeiten* oder *sonstige Vermögensgegenstände*
S 1770	Umsatzsteuer
S 1771	Umsatzsteuer 7 %
S 1772	Umsatzsteuer aus innergemeinschaftlichem Erwerb
S 1776	Umsatzsteuer 15% bzw. 16%

1789	Umsatzsteuer laufendes Jahr
1790	Umsatzsteuer Vorjahr
1791	Umsatzsteuer frühere Jahre
Bilanzposten:	*Sonstige Vermögensgegenstände* oder *sonstige Verbindlichkeiten*
1792	Sonstige Verrechnungskonten (Interimskonten)
Bilanzposten:	*Sonstige Vermögensgegenstände H-Saldo*
1793	Verrechnungskonto geleistete Anzahlungen bei Buchung über Kreditoren-Konto

Privat Vollhafter / Einzelunternehmer

1800–1809	Privatentnahmen allgemein
1810–1819	Privatsteuern
1820–1829	Sonderausgaben beschränkt abzugsfähig
1830–1839	Sonderausgaben unbeschränkt abzugsfähig
1840–1849	Privatspenden
1850–1859	Außergewöhnliche Belastungen
1860–1869	Grundstücksaufwand
1870–1979	Grundstücksertrag
1880–1889	Eigenverbrauch
1890–1899	Privateinlagen

Privat Teilhafter

1900–1909	Privatentnahmen allgemein
1910–1919	Privatsteuern
1920–1929	Sonderausgaben beschränkt abzugsfähig
1930–1939	Sonderausgaben unbeschränkt abzugsfähig
1940–1949	Privatspenden
1950–1959	Außergewöhnliche Belastungen
1960–1969	Grundstücksaufwand
1970–1979	Grundstücksertrag
1980–1989	Eigenverbrauch
1990–1999	Privateinlagen

2 Abgrenzungskonten

Außerordentliche Aufwendungen i.S.d. BiRiLiG

2000 Außerordentliche Aufwendungen

Bilanzposten:	*Sonstige betriebliche Aufwendungen*

Betriebsfremde und periodenfremde Aufwendungen

2010	Betriebsfremde Aufwendungen (soweit nicht außerordentlich)
2020	Periodenfremde Aufwendungen (soweit nicht außerordentlich)

Zinsen und ähnliche Aufwendungen

2100	Zinsen und ähnliche Aufwendungen

Steueraufwendungen

Bilanzposten:	*Steuern vom Einkommen und Ertrag*
2200–2204	Körperschaftssteuer
2205	Anrechenbare Körperschaftssteuer auf vereinnahmte Kapitalerträge
2208–2209	Solidaritätszuschlag
2210	Kapitalertragsteuer
2213	Anrechenbarer Solidaritätszuschlag auf Kapitalertragsteuer
2215	Zinsabschlagsteuer
2218	Anrechenbarer Solidaritätszuschlag auf Zinsabschlagsteuer
Bilanzposten:	*Sonstige Steuern*
2223	Vermögensteuer für Vorjahre
Bilanzposten:	*Steuern vom Einkommen und Ertrag*
2280	Steuernachzahlungen Vorjahre für Steuern vom Einkommen und Ertrag
2282	Steuererstattungen Vorjahre für Steuern vom Einkommen und Ertrag
2284	Erträge aus der Auflösung von Rückstellungen für Steuern vom Einkommen und Ertrag
Bilanzposten:	*Sonstige Steuern*
2285	Steuernachzahlungen Vorjahre für sonstige Steuern
2287	Steuererstattungen Vorjahre für sonstige Steuern
2289	Erträge aus der Auflösung von Rückstellungen für sonstige Steuern

Sonstige Aufwendungen

Bilanzposten:	*Sonstige betriebliche Aufwendungen*
2300–2309	Sonstige Aufwendungen
2310	Anlagenabgänge (Restbuchwert bei Buchverlust)
Bilanzposten:	*Sonstige betriebliche Erträge*
2315	Anlagenabgänge (Restbuchwert bei Buchgewinn)
Bilanzposten:	*Sonstige betriebliche Aufwendungen*
2320	Verluste aus dem Abgang von Gegenständen des Anlagevermögens
2325	Verluste aus dem Abgang von Gegenständen des Umlaufvermögens (außer Vorräten)
2340	Steuerfreie Rücklagen
2341	Ansparabschreibungen
2345	Sonderabschreibungen
2350	Grundstücksaufwendungen
Bilanzposten:	*Sonstige Steuern*
2375	Grundsteuer
Bilanzposten:	*Sonstige betriebliche Aufwendungen*
2380	Spenden, steuerlich nicht abziehbar
2381–2384	Beiträge und Spenden, steuerlich abziehbar
2400	Forderungsverluste (übliche Höhe)
2430	Forderungsverluste, unüblich hoch

Außerordentliche Erträge i.S.d. BiRiLiG

2500	Außerordentliche Erträge
Bilanzposten:	*Sonstige betriebliche Erträge*

Betriebsfremde und periodenfremde Erträge

2510	Betriebsfremde Erträge (soweit nicht außerordentlich)
2520	Periodenfremde Erträge (soweit nicht außerordentlich)

Zinserträge

2600	**Erträge aus Beteiligungen**
2620	**Erträge aus anderen Wertpapieren und Ausleihungen des Finanzanlagevermögens**
2650	**Sonstige Zinsen und ähnliche Erträge**

Sonstige Erträge

2700	**Sonstige Erträge**
2705	Sonstige Erträge betrieblich und regelmäßig
2707	Sonstige Erträge betriebsfremd und regelmäßig
2709	Sonstige Erträge unregelmäßig
2710	Erträge aus Zuschreibungen des Anlagevermögens
2715	Erträge aus Zuschreibungen des Umlaufvermögens
2720	Erträge aus dem Abgang von Gegenständen des Anlagevermögens
2725	Erträge aus dem Abgang von Gegenständen des Umlaufvermögens (außer Vorräten)
2730	Erträge aus Herabsetzung der Pauschalwertberichtigung zu Forderungen
2731	Erträge aus Herabsetzung der Einzelwertberichtigung zu Forderungen
2732	Erträge aus abgeschriebenen Forderungen
2735	Erträge aus der Auflösung von Rückstellungen
2739–2741	Erträge aus der Auflösung von Sonderposten mit Rücklageanteil
2742	Versicherungsentschädigungen
2743	Investitionszuschüsse (steuerpflichtig)
2744	Investitionszulagen (steuerfrei)
2745	Erträge aus Kapitalherabsetzung
GuV-Posten:	*Sonstige betriebliche Erträge*
2750	Grundstückserträge
2780	Steuererstattungen Vorjahre für Steuern vom Einkommen und Ertrag
2785	Steuererstattungen Vorjahre für sonstige Steuern
2790	Erträge aus Verlustübernahme
2792	Erhaltene Gewinne aufgrund einer Gewinngemeinschaft
2794	Erhaltene Gewinne aufgrund eines Gewinn- oder Teilgewinnabführungsverträge
GuV-Posten:	*Entnahme aus der Kapitalrücklage*
2795	Entnahmen aus der Kapitalrücklage

GuV-Posten:	*Entnahmen aus der Gewinnrücklage*
2796	Entnahmen aus der gesetzlichen Rücklage
2797	Entnahmen aus satzungsmäßigen Rücklagen
2798	Entnahmen aus der Rücklage für eigene Anteile
2799	Entnahmen aus anderen Gewinnrücklagen
GuV-Posten:	*Gewinnvortrag* oder *Verlustvortrag*
2860	**Gewinnvortrag nach Verwendung**
2868	**Verlustvortrag nach Verwendung**
2869	**Vorträge auf neue Rechnung (GuV)**
GuV-Posten:	*Ausschüttung*
2870	Vorabausschüttung

Verrechnete kalkulatorische Kosten

GuV-Posten:	*Sonstige betriebliche Aufwendungen*
2890	Verrechneter kalkulatorischer Unternehmerlohn
2891	Verrechnete kalkulatorische Miete und Pacht
2892	Verrechnete kalkulatorische Zinsen
2893	Verrechnete kalkulatorische Abschreibungen
2894	Verrechnete kalkulatorische Wagnisse
2895	Verrechneter kalkulatorischer Lohn für unentgeltliche Mitarbeiter

3 Wareneingangs- und Bestandskonten

Materialaufwand

GuV-Posten:	*Aufwendungen für Roh-, Hilfs- und Betriebsstoffe und für bezogene Waren*
3000	Roh-, Hilfe- und Betriebsstoffe
3090	Energiestoffe (Fertigung)
GuV-Posten:	*Aufwendungen für bezogene Leistungen*
3100	**Fremdleistungen**
GuV-Posten:	*Aufwendungen für Roh-, Hilfs- und Betriebsstoffe und für bezogene Waren*
3200–3419	Wareneingang (mit abziehbarer Vorsteuer)
3600–3669	Wareneingang (ohne abziehbare Vorsteuer)
3700–3723	Nachlässe
S 3730–3738	Erhaltene Skonti
3740–3769	Erhaltene Boni
3770–3799	Erhaltene Rabatte
3800	Anschaffungsnebenkosten
3830	Leergut
3850	Zölle und Einfuhrabgaben
3960–3969	Bestandsveränderungen Roh-, Hilfs- und Betriebsstoffe sowie bezogene Waren

Bestand an Vorräten

GuV-Posten:	*Roh-, Hilfs- und Betriebsstoffe*
3970–3979	Bestand Roh-, Hilfs- und Betriebsstoffe
GuV-Posten:	*Fertige Erzeugnisse und Waren*
3980–3989	Bestand Waren

Verrechnete Stoffkosten

GuV-Posten:	*Aufwendungen für Roh-, Hilfs- und Betriebsstoffe und für bezogene Waren*
3990–3999	Verrechnete Stoffkosten (Gegenkonto zu 4000–4099)

4 Betriebliche Aufwendungen

Material- und Stoffverbrauch

GuV-Posten:	*Aufwendungen für Roh-, Hilfs- und Betriebsstoffe und für bezogene Waren*
4000–4099	Material- und Stoffverbrauch

Personalaufwendungen

GuV-Posten:	*Löhne und Gehälter*
4100–4120	Löhne und Gehälter
4124	Geschäftsführergehälter der GmbH-Gesellschafter
4125	Ehegattengehalt
4126	Tantiemen
4127	Geschäftsführergehälter
4128	Vergütungen an angestellte Mitunternehmer § 15 EStG
GuV-Posten:	*Soziale Abgaben und Aufwendungen für Altersversorgung und für Unterstützung*
4130	Gesetzliche soziale Aufwendungen
4137	Gesetzliche soziale Aufwendungen für Mitunternehmer § 15 EStG
4138	Beiträge zur Berufsgenossenschaft
GuV-Posten:	*Sonstige betriebliche Aufwendungen*
4139	Ausgleichsabgabe i.S.d. Schwerbehindertengesetzes
GuV-Posten:	*Soziale Abgaben, Aufwendungen für Altersversorgung und für Unterstützung*
4140	Freiwillige soziale Aufwendungen, lohnsteuerfrei
GuV-Posten:	*Löhne und Gehälter*
4145	Freiwillige soziale Aufwendungen, lohnsteuerpflichtig
4149	Pauschale Lohnsteuer auf sonstige Bezüge (z.B. Fahrtkostenzuschüsse, Krankengeldzuschüsse)
GuV-Posten:	*Soziale Abgaben-, Aufwendungen für Altersversorgung und für Unterstützung*
4160	Versorgungskassen
4165	Aufwendungen für Altersversorgung
4167	Pauschale Lohnsteuer auf sonstige Bezüge (z. B. Direktversicherungen)

4168	Aufwendungen für Altersversorgung für Mitunternehmer § 15 EStG
4169	Aufwendungen für Unterstützung
GuV-Posten:	*Löhne und Gehälter*
4170	Vermögenswirksame Leistungen
4175	Fahrtkostenerstattung – Wohnung/Arbeitsstätte
4180	Bedienungsgelder
4190	Aushilfslöhne
4199	Lohnsteuer für Aushilfen

Sonstige betriebliche Aufwendungen und Abschreibungen

GuV-Posten:	*Sonstige betriebliche Aufwendungen*
4200	Raumkosten
4210	Miete
4218	Gewerbesteuerlich zu berücksichtigende Miete § 8 GewStG
4219	Vergütungen an Mitunternehmer für die mietweise Überlassung ihrer Wirtschaftsgüter § 15 EStG
4220	Pacht
4228	Gewerbesteuerlich zu berücksichtigende Pacht § 8 GewStG
4229	Vergütungen an Mitunternehmer für die pachtweise Überlassung ihrer Wirtschaftsgüter § 15 EStG
4230	Heizung
4240	Gas, Strom, Wasser (Verwaltung, Vertrieb)
4250	Reinigung
4260	Instandhaltung betrieblicher Räume
4270	Abgaben für betrieblich genutzten Grundbesitz
4280	Sonstige Raumkosten
4300–4306	Nicht abziehbare Vorsteuer
GuV-Posten:	*Steuern vom Einkommen und Ertrag*
4320	Gewerbesteuer (Vorauszahlung)
4330	Gewerbeertragsteuer
GuV-Posten:	*Sonstige Steuern*
4335	Gewerbekapitalsteuer
4340	Sonstige Betriebssteuern
4350	Verbrauchsteuer
4360	Versicherungen
4370	Nettoprämie für Rückdeckung künftiger Versorgungsleistungen
4380	Beiträge
4390	Sonstige Abgaben
4396	Steuerlich abzugsfähige Verspätungszuschläge und Zwangsgelder
4397	Steuerlich nicht abzugsfähige Verspätungszuschläge und Zwangsgelder (zur freien Verfügung)
4500	Fahrzeugkosten
GuV-Posten:	*Sonstige Steuern*
4510	Kfz-Steuern

GuV-Posten:	*Sonstige betriebliche Aufwendungen*
4520	Kfz-Versicherungen
4530	Laufende Kfz-Betriebskosten
4540	Kfz-Reparaturen
4550	Garagenmieten
4570	Fremdfahrzeuge
4580	Sonstige Kfz-Kosten
4600	Werbe- und Reisekosten
4610	Werbekosten
4630	Geschenke bis DM 75,–
4635	Geschenke über DM 75,–
4838	Geschenke ausschließlich betrieblich genutzt
4640	Repräsentationskosten
4650	Bewirtungskosten
4653	Aufmerksamkeiten
4654	Nicht abzugsfähige Bewirtungskosten
4655	Nicht abzugsfähige Betriebsausgaben
4660	Reisekosten Arbeitnehmer
4666	Reisekosten Arbeitnehmer 12,3 % bzw. 13,1 % Vorsteuer
4676	Reisekosten Unternehmer 12,3 % bzw. 13,1 % Vorsteuer
4678	Kilometergelderstattung Unternehmer 5,7 % bzw. 6,1 % Vorsteuer
4685	Kilometergelderstattung Arbeitnehmer 8,2 % bzw. 8,7 % Vorsteuer
4700	Kosten der Warenabgabe
4710	Verpackungsmaterial
4730	Ausgangsfrachten
4750	Transportversicherungen
4760	Verkaufsprovisionen
4780	Fremdarbeiten
4790	Aufwand für Gewährleistungen
4800–4808	Reparaturen und Instandhaltungen von technischen Anlagen, Maschinen, Betriebs- und Geschäftsausstattung
4809	Sonstige Reparaturen und Instandhaltungen
4810	Mietleasing
4814	Gewerbesteuerlich zu berücksichtigendes Mietleasing § 8 GewStG5
GuV-Posten:	*Abschreibungen auf immaterielle Vermögensgegenstände des Anlagevermögens und Sachanlagen sowie auf aktivierte Aufwendungen für die Ingangsetzung und Erweiterung des Geschäftsbetriebes*
4815	Kaufleasing
4820	**Abschreibungen** auf Aufwendungen für die Ingangsetzung und Erweiterung des Geschäftsbetriebes
4822	Abschreibungen auf immaterielle Vermögensgegenstände
4824	Abschreibungen auf den Geschäfts- oder Firmenwert
4826	Außerplanmäßige Abschreibungen auf immaterielle Vermögensgegenstände
4830	Abschreibungen auf Sachanlagen
4840	Außerplanmäßige Abschreibungen auf Sachanlagen

4850	Abschreibungen auf Sachanlagen aufgrund steuerlicher Sondervorschriften
4855	Sofortabschreibung geringwertiger Wirtschaftsgüter
4860	Abschreibungen auf aktivierte, geringwertige Wirtschaftsgüter
4865	Außerplanmäßige Abschreibungen auf aktivierte, geringwertige Wirtschaftsgüter
GuV-Posten:	*Abschreibungen auf Finanzanlagen und Wertpapiere des Umlaufvermögens*
4870–4874	Abschreibungen auf Finanzanlagen
GuV-Posten:	*Sonstige betriebliche Aufwendungen*
4900	Sonstige betriebliche Aufwendungen
4905	Sonstige Aufwendungen betrieblich und regelmäßig
4910	Porto
4920	Telefon
4925	Telefax, Fernschreiber
4930	Bürobedarf
4940	Zeitschriften, Bücher
4945	Fortbildungskosten
4946	Freiwillige Sozialleistungen
4948	Vergütungen an freiberufliche Mitunternehmer § 15 EStG
4950	Rechts- und Beratungskosten
4955	Buchführungskosten
4957	Abschluß- und Prüfungskosten
4960	Mieten für Einrichtungen
4968	Gewerbesteuerlich zu berücksichtigende Miete für Einrichtungen § 8 GewStG
4969	Aufwendungen für Abraum- und Abfallbeseitigung
4970	Nebenkosten des Geldverkehrs
4980	Betriebsbedarf
4985	Werkzeuge und Kleingeräte

Kalkulatorische Kosten

4990	Kalkulatorischer Unternehmerlohn
4991	Kalkulatorische Miete und Pacht
4992	Kalkulatorische Zinsen
4993	Kalkulatorische Abschreibungen
4994	Kalkulatorische Wagnisse
4995	Kalkulatorischer Lohn für unentgeltliche Mitarbeiter

7 Bestände an Erzeugnissen

7000	**Unfertige Erzeugnisse, unfertige Leistungen (Bestand)**
7050	Unfertige Erzeugnisse (Bestand)
7080	Unfertige Leistungen (Bestand)

7090	In Ausführung befindliche Bauaufträge
7095	In Arbeit befindliche Aufträge
7100	**Fertige Erzeugnisse und Waren (Bestand)**
7110	Fertige Erzeugnisse (Bestand)
7140	Waren (Bestand)

8 Erlöskonten

Umsatzerlöse

8000–8099	(Zur freien Verfügung)
8100–8150	Steuerfreie Umsätze § 4 Nr. 8ff. UStG
8200	Erlöse
8300–8309	Erlöse 7 % USt
8400–8409	Erlöse 15 % bzw. 16 % USt
8500–8508	Provisionserlöse
8520	Erlöse Abfallverwertung
8540	Erlöse Leergut
GuV-Posten:	*Sonstige betriebliche Erträge*
8590	Verrechnete sonstige Sachbezüge (keine Waren)
8591	Sachbezüge 7 % USt (Waren)
8595	Sachbezüge 15 % bzw. 16 % USt (Waren)
8600	Sonstige Erlöse betrieblich und regelmäßig
8610	Verrechnete sonstige Sachbezüge
8611	Verrechnete sonstige Sachbezüge 15 % bzw. 16 % USt (z.B. Kfz-Gestellung)
8614	Verrechnete sonstige Sachbezüge ohne Umsatzsteuer
8625–8649	Sonstige Erlöse
GuV-Posten:	*Sonstige Zinsen und ähnliche Erträge*
8650	Erlöse Zinsen und Diskontspesen
GuV-Posten:	*Umsatzerlöse*
8700–8729	Erlösschmälerungen
8730–8739	Gewährte Skonti
8740–8769	Gewährte Boni
8770–8799	Gewährte Rabatte
GuV-Posten:	*Sonstige betriebliche Aufwendungen*
8800	Erlöse aus Anlagenverkäufen
8801–8809	Erlöse aus Anlagenverkäufen (bei Buchverlust)
GuV-Posten:	*Sonstige betriebliche Aufwendungen*
8820–8829	Erlöse aus Anlagenverkäufen bei Buchgewinn

GuV-Posten:	*Umsatzerlöse*
8900	Eigenverbrauch (ohne USt.)
8905–8919	Entnahme von Gegenständen
GuV-Posten:	*Sonstige betriebliche Erlöse*
8920–8944	Eigenverbrauch (mit 15 bzw. 16 % USt.)
8945–8949	Unentgeltliche Leistungen an Gesellschafter
GuV-Posten:	*Umsatzerlöse*
8950	Nicht steuerbare Umsätze
8955	Umsatzsteuervergütungen
GuV-Posten:	*Erhöhung* oder *Verminderung des Bestands an fertigen und unfertigen Erzeugnissen*
8960	**Bestandsveränderungen – unfertige Erzeugnisse**
8970	**Bestandsveränderungen – unfertige Leistungen**
GuV-Posten:	*Erhöhung* oder *Verminderung des Bestands in Ausführung befindlicher Bauaufträge*
8975	**Bestandsveränderungen – in Ausführung befindliche Bauaufträge**
8977	**Bestandsveränderungen – in Arbeit befindliche Aufträge**
GuV-Posten:	*Erhöhung* oder *Verminderung des Bestands an fertigen oder unfertigen Erzeugnissen*
8980	**Bestandsveränderungen – fertige Erzeugnisse**
8990	**Andere aktivierte Eigenleistungen**

9 Vortragskonten – Statistische Konten

Vortragskonten

S 9000	Saldenvorträge, Sachkonten
F 9001–9007	Saldenvorträge, Sachkonten
S 9008	Saldenvorträge, Debitoren
S 9009	Saldenvorträge, Kreditoren

Statistische Konten für Betriebswirtschaftliche Auswertungen (BWA)

9101	Verkaufstage
9102	Anzahl der Barkunden
9103	Beschäftigte Personen
9104	Unbezahlte Personen
9105	Verkaufskräfte
9106	Geschäftsraum m^2
9107	Verkaufsraum m^2
9108	Veränderungsrate positiv
9109	Veränderungsrate negativ
9110	Plan-WE (in Prozent)

9120	Erweiterungsinvestitionen
9135	Auftragseingang im Geschäftsjahr
9140	Auftragsbestand
9190	Gegenkonto für statistische Mengeneinheiten Konten 9101–9119
9199	Gegenkonto zu Konten 9120, 9135–9140

Statistische Konten für den Kennzifferntteil der Bilanz

9200	Beschäftigte Personen
9209	Gegenkonto zu 9200
9210	Produktive Löhne
9219	Gegenkonto zu 9210

Passive Rechnungsabgrenzung

9230	Baukostenzuschüsse
9232	Investitionszulagen
9234	Investitionszuschüsse
9239	Gegenkonto zu Konten 9230–9238
9240	Investitionsverbindlichkeiten bei den Leistungsverbindlichkeiten
9244	Gegenkonto zu Konto 9240
9245	Forderungen aus Anlagenverkäufen bei sonstigen Vermögensgegenständen
9249	Gegenkonto zu Konto 9245

Eigenkapitalersetzende Gesellschafterdarlehen

9250	Eigenkapitalersetzende Gesellschafterdarlehen
9255	Ungesicherte Gesellschafterdarlehen mit Restlaufzeit größer 5 Jahre
9259	Gegenkonto zu 9250 und 9255

Aufgliederung der Rückstellungen

9260	Kurzfristige Rückstellungen
9262	Mittelfristige Rückstellungen
9264	Langfristige Rückstellungen, außer Pensionen
9269	Gegenkonto zu Konten 9260–9268

9270–9278 Statistische Konten für in der Bilanz auszuweisende Haftungsverhältnisse

9280–9416 Statistische Konten für die im Anhang anzugebenden sonstigen finanziellen Verpflichtungen

Personenkonten

Bilanzposten:	*Sollsalden – Forderungen aus Lieferungen und Leistungen*
10000–69999	Debitoren
Bilanzposten:	*Habensalden – Verbindlichkeiten aus Lieferungen und Leistungen*
70000–99999	Kreditoren

Stichwortverzeichnis